职业院校汽修专业通用教材
项目驱动、任务引领型教材

QI CHE CHUAN DONG XI TONG JIAN XIU

（微课版）

汽车传动系统检修

上海景格科技股份有限公司 编

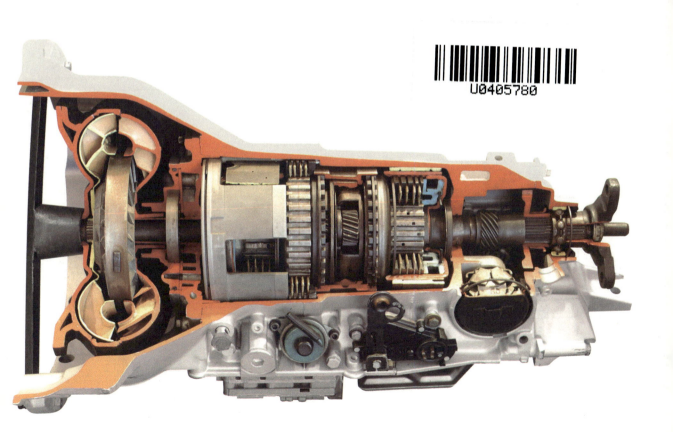

 华东师范大学出版社

图书在版编目(CIP)数据

汽车传动系统检修/上海景格科技股份有限公司编. —
上海:华东师范大学出版社,2018
ISBN 978 - 7 - 5675 - 7519 - 6

Ⅰ.①汽⋯　Ⅱ.①上⋯　Ⅲ.①汽车－传动系－车辆修理－职业教育－教材　Ⅳ.①U472.41

中国版本图书馆 CIP 数据核字(2018)第 041617 号

汽车传动系统检修

编　　者	上海景格科技股份有限公司
策划编辑	李　琴
责任编辑	孙小帆
装帧设计	庄玉侠

出版发行	华东师范大学出版社
社　　址	上海市中山北路 3663 号　邮编 200062
网　　址	www.ecnupress.com.cn
电　　话	021 - 60821666　行政传真 021 - 62572105
客服电话	021 - 62865537　门市(邮购)电话 021 - 62869887
地　　址	上海市中山北路 3663 号华东师范大学校内先锋路口
网　　店	http://hdsdcbs.tmall.com
印 刷 者	上海新华印刷有限公司
开　　本	787×1092　16 开
印　　张	5.75
字　　数	114 千字
版　　次	2018 年 6 月第 1 版
印　　次	2025 年 1 月第 2 次
书　　号	ISBN 978 - 7 - 5675 - 7519 - 6/TH・122
定　　价	29.80 元
出 版 人	王　焰

(如发现本版图书有印订质量问题,请寄回本社客服中心调换或电话 021 - 62865537 联系)

内容简介
NEIRONGJIANJIE

　　本教材根据职业教育理实一体化课程改革的指导思想,强调以实践为主,理论为辅。筛选典型的工作任务,取材最贴近生产实际的案例设计课程内容,让学生在实践中掌握解决问题的方法和技能,是汽车运用与维修专业理实一体化项目课程教材。

　　本教材以汽车传动系统检修为内容,主要包括：离合器检修、手动变速器检修、万向传动装置检修、驱动桥检修等四个典型项目。

　　本教材主要供职业院校汽车运用与维修等专业教学使用,还可以作为汽车维修人员和汽车技术爱好者自学用书。

前言

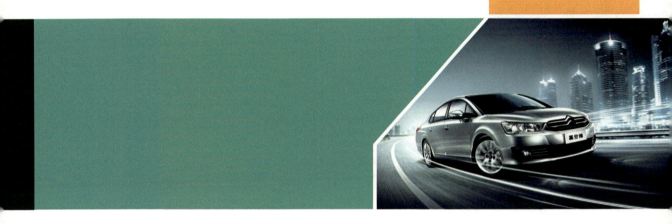

  党的二十大报告指出"加快建设制造强国、质量强国、航天强国、交通强国、网络强国、数字中国",汽车产业是交通强国的重要组成部分,近几年汽车销售量不断提升,2022年我国汽车保有量达到3.02亿辆。按照一般数据统计,汽车保有量与后市场维修服务技术人员比例约为30∶1,根据我国汽车保有量的增长数据推算,至2030年前我国每年新增汽车维修类技能人才需求应在30万人以上,汽车后市场的技术技能人才需求量持续增加。职业教育承担为社会培养知识和能力兼备的技术技能型人才的重要任务,汽车技能型人才持续培养输出成为职业教育汽车相关专业建设的重要一环。本系列教材在汽车产业人才培养过程中将以市场为导向,以实践为驱动,旨在培养出高标准、高职业技能、高职业素养的优秀复合型人才。

  根据《国家中长期教育改革和发展规划纲要》的精神,为了推进职业教育课程改革和教材建设进程,我们将理实一体化课程改革理念作为职业教育课程改革的主导理念,以工作任务为课程设置与内容选择的参照点,以任务为单位组织内容并以任务活动为主要学习方式,编写汽车运用与维修专业的系列课程教材。本教材既是汽车各专业必修的核心课程教材之一,也是上述系列课程教材之一。

  本系列课程教材与项目课程教学软件的设计和编制同步进行,是任务课程教学软件的配套教材。

  本项目课程教材的主要特色有:
1. 课程强调以实践为主,理论为辅。
2. 以能力为本位,以就业为导向,面向最贴近生产实际的教学任务。
3. 体现"做中学"的教学理念。

4. 目的在于教会学生对汽车故障现象的判断能力,表现为"会做"以及"掌握为什么这样做"。

5. 以职业院校覆盖面较广的丰田卡罗拉车型教具为范例,以车间典型工作任务为教学内容,教会学生完成任务所需的知识与技能,其他车型车系可举一反三。

6. 课程设计采用文字、图像、动画等形式,运用视频、虚拟仿真等多媒体教学形式,形成纸质教材、教学 PPT、教学资源包、虚拟仿真软件相互配套的课程包。

本课程由校企合作共同开发,适应各地职业院校汽车运用与维修等专业教学,希望各校在选用本项目课程教材实施教学的过程中,及时提出意见和建议,以便在修订时改正和完善。

目 录

项目一 离合器检修 ················· 1
  项目导入 ························· 1
  学习目标 ························· 2
  学习任务 ························· 2
    学习任务1　离合器操纵机构检修 ········ 3
    学习任务2　离合器总成检修 ··········· 11
  学习拓展 ························· 18

项目二 手动变速器检修 ·············· 19
  项目导入 ························· 19
  学习目标 ························· 20
  学习任务 ························· 20
    学习任务1　变速器传动机构检修 ········ 21
    学习任务2　变速器操纵机构检修 ········ 39
  学习拓展 ························· 47

项目三 万向传动装置检修 ············· 49
  项目导入 ························· 49
  学习目标 ························· 50
  学习任务 ························· 50
    学习任务1　万向传动装置检修 ········· 51
  学习拓展 ························· 67

项目四 驱动桥检修 ················· 69
  项目导入 ························· 69
  学习目标 ························· 70
  学习任务 ························· 70
    学习任务1　驱动桥检修 ············· 71
  学习拓展 ························· 80

项目一 离合器检修

项目导入

离合器安装在发动机和变速器之间,是发动机与汽车传动系之间切断和传递动力的关键部件。离合器的作用有:使发动机与传动系平顺地接合,以保证汽车平稳起步;短时切断发动机与传动系之间的动力传输,以利于发动机起动和减少换挡时对齿轮的冲击;当驱动轮阻力过大时,离合器通过打滑实现对传动系的过载保护。

本项目主要通过对离合器操纵机构和总成进行检修,达到掌握离合器常规检修方法的目的。

发动机　　离合器　　手动变速器

学习目标

素养目标：
1. 了解安全操作要求，养成安全文明操作的习惯。
2. 养成组员之间互相协作的习惯。
3. 实施操作结束后，清洁工具，并将工具设备归位，清洁场地。

技能目标：
1. 正确使用工具对离合器总成及其操纵机构进行检修。

知识目标：
1. 熟知离合器及其操纵机构的功用、组成。
2. 熟知离合器检修的主要内容及方法。

学习任务

学习任务 1
◇ 离合器操纵机构检修

学习任务 2
◇ 离合器总成检修

学习任务 1　离合器操纵机构检修

任务目标

任务目标：
1. 熟知液压式离合器操纵机构的组成。
2. 掌握离合器操纵机构的常见故障现象及检修方法。
3. 在 30 分钟内完成液压式离合器操纵机构的检修。

学习重点：
1. 离合器操纵机构的常见故障现象及检修方法。

知识准备

1. 液压式离合器操纵机构的组成及工作原理

液压式离合器操纵机构主要由离合器踏板、推杆、储液罐、离合器主缸、离合器工作缸、分离轴承、分离叉等组成，如图 1-1 所示。

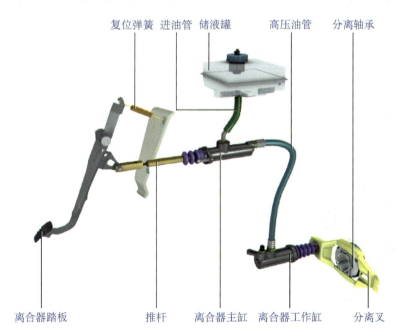

离合器的功用和基本原理

图 1-1　液压式离合器操纵机构组成

离合器操纵机构是驾驶员用以控制离合器的机构,其作用是实现离合器分离及柔和接合。离合器操纵机构起始于离合器踏板,终止于离合器壳内的分离轴承。液压式离合器操纵机构的工作原理如图1-2所示。

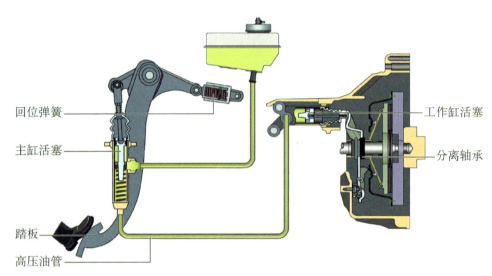

图1-2 液压式离合器操纵机构工作原理

踩下离合器踏板,推动主缸内活塞运动从而产生液压力,液压力通过高压油管作用于工作缸活塞,活塞运动带动分离轴承使离合器分离;松开离合器踏板,主缸活塞在回位弹簧作用下回到原位,高压油管内油压降低,工作缸中活塞回位,使离合器接合。

2. 离合器操纵机构的检修

(1) 检查机械系统是否失效或卡滞

检查离合器踏板、分离叉轴、工作缸是否失效或卡滞,分离轴承是否严重磨损、烧蚀(图1-3)或卡滞。

可一人踩下离合器踏板,一人观察离合器接合和分离时的状态,判断是否有失效部件或运动卡滞现象。如有,则需进一步检查失效部件,并进行维修或更换。

(2) 检查液压系统是否渗漏或是否有空气渗入

依次检视储液罐、进油管、主缸、高压油管、工作缸外部是否有渗漏迹象,检查油管紧固接头是否松动,及时紧固松动的油管接头,修复或更换损坏的部件。如图1-4、1-5所示为离合器主缸、工作缸的常见故障现象。

图1-3 分离轴承烧蚀

图1-4 离合器主缸漏油　　　　图1-5 离合器工作缸漏油

用脚踩踏离合器踏板,体验踏板的软硬度,如果感觉绵软,可能是液压系统中有空气,需要进行液压系统排空气处理。值得注意的是:离合器液压操纵系统在经过检修之后,管路内可能进入空气,在添加离合器油时也可能使液压系统中进入空气,因此液压系统检修后也要进行液压系统排空气的处理。

(3) 检查与调整离合器踏板自由行程

离合器踏板自由行程,也称为离合器踏板空行程,是指踩压踏板直到分离轴承紧压膜片弹簧的距离,如图1-6所示。当离合器盘磨损时,离合器踏板自由行程缩短,可能导致离合器打滑;而离合器自由行程过大则会导致离合器分离不彻底。

卡罗拉手动挡轿车的离合器踏板自由行程可通过调节推杆长度进行调节,如图1-7所示。

离合器的主缸和工作缸的认识

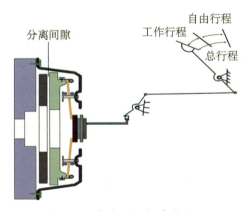 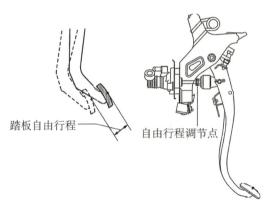

图1-6 离合器踏板自由行程　　　图1-7 离合器踏板自由行程的调节位置

(一) 实施方案

1. 质量要求

参照厂家的质量标准要求。

2. 组织方式

每四位同学一组,对 2011 款别克凯越 1.6L 手动变速器轿车的离合器操纵机构进行检修,按照企业岗位操作规范进行作业。每组作业时间为 30 分钟。

3. 作业准备

(1) 技术要求与标准

① 离合器踏板高度的标准值为:130—140 mm。

② 离合器踏板自由行程标准值为:6.0—12.0 mm。

(2) 设备器材:常用工具一套及钢直尺(图 1-8)、卡扣拆卸专用工具、别克凯越轿车。

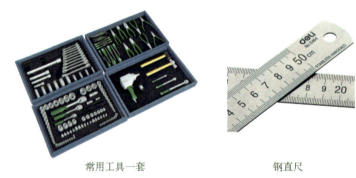

图 1-8 部分设备器材

(3) 场地设施:具有消防设施的场地。

(4) 耗材:染色剂、干净抹布、泡沫清洗剂。

(二)操作步骤

1. 检查与调整离合器踏板位置

(1) 取下方向柱下护罩

检查与调整离合器踏板位置

① 打开主驾驶室储物盒盖,拆卸方向柱下护罩固定螺栓(图 1-9),然后关闭储物盒盖。

图 1-9 拆卸方向柱下护罩螺栓

② 使用卡扣拆卸专用工具(图 1-10),取下方向柱下护罩。

图 1-10 使用卡扣拆卸专用工具

(2) 检查离合器踏板工作行程

① 拉紧驻车制动器操纵杆,并将变速器杆置于空挡位置。

② 取下主驾驶室地毯。

③ 使用钢直尺垂直于地板,测量离合器踏板工作行程(图1-11),记录检测数据并与标准数据进行对比。

图1-11 测量离合器踏板工作行程

检测内容	检测数据	标准数据
离合器踏板工作行程		130—140 mm

若检测数据不符合标准数据,则需要调整离合器踏板位置。

(3) 调整离合器踏板位置

① 选用12 mm开口扳手,松开离合器推杆锁止螺母(图1-12)。

图1-12 旋松离合器推杆锁止螺母

② 选用8 mm开口扳手,转动离合器推杆(图1-13)以调节离合器位置。

图1-13 转动离合器推杆

③ 调整到位后,再一次检查离合器踏板高度以保证其在规定范围内。

④ 调整结束后,紧固离合器推杆锁紧螺母。

2. 检查与调整离合器踏板自由行程

(1) 检查离合器踏板自由行程

① 使用钢直尺垂直于地板，用手指轻轻按压离合器踏板直至开始感觉到离合器阻力（图1-14）。

图1-14 检查离合器踏板自由行程

② 读取检测数据，并与标准数据进行对比。

检测内容	检测数据	标准数据
离合器踏板自由行程		6.0—12.0 mm

若检测数据不符合标准数据，则需要调整离合器踏板自由行程。

（2）调整离合器踏板自由行程

① 取下方向柱下护罩。
② 松开锁紧螺母并转动推杆直至获得正确的自由行程。
③ 调整到位后，再一次检查离合器踏板自由行程以保证其在规定范围。
④ 调整结束后，紧固离合器推杆锁紧螺母。

3. 检查离合器主缸和工作缸

（1）检查离合器主缸和工作缸总成是否有损伤、变形或腐蚀。
（2）检查制动液储液罐到离合器主缸之间的管路是否有裂纹、老化或泄漏。
（3）检查离合器主缸到离合器工作缸之间的输油管路是否有裂纹、老化或泄漏。

4. 检查分离轴承

（1）从手动传动桥上拆下带离合器分离轴承的离合器分离叉，然后从分离叉上拆下分离轴承和卡子。
（2）旋转离合器分离轴承总成的滑动部件（与离合器盖的接触面），检查并确认离合器分离轴承总成移动平稳且无异常阻力。

（3）检查离合器分离轴承总成是否损坏或磨损，如有必要，更换分离轴承总成。

5. 离合器液压系统排空气

离合器液压操纵系统在经过检修之后，管路内可能进入空气，在添加制动液时也可能使液压系统中进入空气。因此，液压系统检修后要排除液压系统中的空气，排除方法如下：

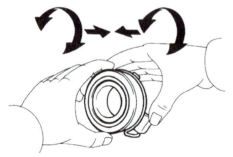

图1-15 检查分离轴承

(1) 拆下放气螺塞盖,将塑料管连接至放气螺塞。
(2) 踩下离合器踏板数次,并在踩下踏板时松开放气螺塞。
(3) 离合器油不再外流时,拧紧放气螺塞,然后松开离合器踏板。
(4) 重复前两步操作直至离合器油中的空气全部排出。
(5) 拧紧放气螺塞,安装放气螺塞盖。
(6) 检查并确认离合器管路中的空气已全部排出。

1. 液压式操纵机构的工作原理

当踩下离合器踏板时,通过离合器主缸推杆使主缸活塞压缩活塞弹簧。管路中油液受压,压力升高。在油压的作用下,工作缸活塞推动推杆,带动分离轴承使离合器分离。当松开离合器踏板时,踏板在复位弹簧作用下回位,使主缸活塞回位,油压下降,工作缸中的活塞回位,离合器结合。

2. 离合器操纵机构检修的主要内容

(1) 检查与调整离合器踏板位置:踏板高度应在 130—140 mm 范围内,自由行程应在 6.0—12.0 mm 范围内。
(2) 检查离合器主缸和分离缸,检查部件是否损坏以及连接管路是否老化、破损。
(3) 检查离合器分离轴承是否损坏或磨损,旋转时是否平滑无阻力。
(4) 检查完成后,进行离合器液压系统排空气操作。

(一) 课堂练习

1. 判断题

(1) 离合器踏板的自由行程就是其工作行程。(　　)
(2) 离合器根据操纵机构不同分为:机械式、液压式、气压助力式。(　　)
(3) 离合器自由行程过大,则离合器会打滑;自由行程过小,则离合器会分离不彻底。(　　)
(4) 离合器在紧急制动时,可防止传动系过载。(　　)

2. 单选题

(1) 离合器的功用不包括下列哪一项?(　　)
　　A. 使汽车平稳起步　　　　　　　　B. 提高汽车的速度
　　C. 保证换挡平顺　　　　　　　　　D. 防止传动系过载

(2) 离合器分离不彻底的原因有(　　)。
　　A. 离合器踏板自由行程过大　　　　B. 压紧弹簧弹力不均匀
　　C. 液压式离合器液压系统内有空气　D. 以上说法均正确
(3) 离合器踏板自由行程的调整是通过改变(　　)长度来实现的。
　　A. 横拉杆　　　B. 直拉杆　　　C. 推杆　　　D. 转向轴

（二）技能评价

表 1-1　技能评价表

序号	内　　容	分值	得分
1	使用专用工具取下方向柱下护罩	5	
2	使用钢直尺检查离合器踏板工作行程	10	
3	调整离合器踏板工作行程	20	
4	使用钢直尺检查离合器踏板自由行程	15	
5	调整离合器踏板自由行程	20	
6	检查离合器主缸、工作缸及其连接管路是否完好	10	
7	检查分离轴承是否移动平滑，是否损坏或磨损	10	
8	对离合器液压系统进行排空气	10	
	总分	100	

（注：操作规范即得分，操作错误或未进行操作即 0 分）

学习任务 2　离合器总成检修

任务目标

任务目标：
1. 熟知膜片弹簧离合器的结构。
2. 准确叙述离合器总成的常见故障现象及其检修方法。
3. 在 30 分钟内完成离合器总成的检修。

学习重点：
1. 离合器总成的常见故障现象及其检修方法。

知识准备

离合器按压紧弹簧形式的不同分为：周布弹簧离合器和膜片弹簧离合器，如图 1-16 所示。周布弹簧离合器采用螺旋弹簧，沿压盘的圆周和中央布置；膜片弹簧离合器采用膜片弹簧，结构简单，使用寿命长，目前使用最为广泛。本活动主要以膜片弹簧离合器为例进行介绍。

摩擦式离合器分类（一）

摩擦式离合器分类（二）

周布弹簧离合器

膜片弹簧离合器

图 1-16　离合器类型

1. 膜片弹簧离合器的组成

膜片弹簧离合器主要由飞轮、从动盘、压盘、传动片、膜片弹簧、离合器盖、分离叉和分离轴承等组成，如图 1-17 所示。

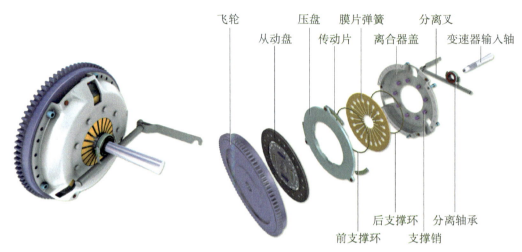

图 1-17 膜片弹簧离合器的组成

2. 离合器总成的检修

离合器总成的故障主要是由其各个部件的变形、损坏、污染或位置不当等原因造成的。离合器总成的检修主要包括以下内容：

（1）飞轮检修

飞轮的常见故障现象是端面磨损或烧蚀，如图 1-18 所示。

端面磨损

端面烧蚀

图 1-18 飞轮的损伤形式

飞轮端面磨损或烧蚀，不能与从动盘摩擦片完全接触，接触面积减小，进而导致飞轮与从动盘之间摩擦力减小，引起离合器打滑。同时飞轮端面磨损使得离合器分离时从动盘仍然与飞轮接触,导致离合器分离不彻底。

飞轮损伤会直接影响离合器的正常工作,因此飞轮检修时必须对飞轮进行端面跳动检查。若不在规定范围内,应进行修理或更换,并且要注意修理或更换后应对曲轴总成做动平衡试验。

（2）从动盘检修

从动盘的常见故障现象是变形、磨损、摩擦片被污染或烧蚀硬化（图1-19）等。

离合器从动盘组成

当从动盘摩擦片上有油污或被烧蚀硬化时,与飞轮、压盘之间的摩擦系数减小,在同等压紧力时产生的摩擦力下降,引起离合器打滑。从动盘过度磨损使铆钉外露,引起离合器打滑。从动盘变形,使摩擦面的接触面积减小,传力效率降低,引起离合器打滑,同时从动盘翘曲变形或铆钉松脱,还会导致离合器分离时从动盘仍与压盘或飞轮接触,造成离合器分离不彻底。

图1-19 从动盘烧蚀

从动盘检修的主要内容是检查其是否变形,摩擦片表面是否有油污或被烧蚀,如有,则应更换从动盘总成。同时还要检查从动盘的铆钉头深度和端面跳动量,如果不符合标准,则应更换从动盘总成。

（3）离合器盖总成检修

离合器盖总成的常见故障现象是压盘变形（图1-20）、裂纹或烧蚀、盘面磨损等。

压盘变形后不能与从动盘摩擦片完全接触,使接触面积减小,传力效率降低,引起离合器打滑。

膜片弹簧因高温烧蚀退火而变软,弹力不足,变形或损坏时,会使其对压盘的压紧力下降,引起离合器打滑。

离合器盖检修的主要内容是检查压盘表面是否变形,是否有裂纹或烧蚀,压盘表面磨损是否均匀,膜片弹簧弹力是否正常,若在检查中发现异常情况,应进行修复或更换。

图1-20 压盘变形

任务实施

（一）实施方案

1. 质量要求

参照厂家的质量标准要求。

2. 组织方式

每四位同学一组，对 2007 款卡罗拉 1.6L 手动 GL 型轿车的离合器总成进行检修，按照企业岗位操作规范进行作业。每组作业时间为 30 分钟。

3. 作业准备

（1）技术要求与标准

① 离合器飞轮总成的端面跳动标准值<0.1 mm。

② 离合器从动盘铆钉深度标准值>0.3 mm。

③ 离合器从动盘跳动标准值<0.8 mm。

④ 离合器盖磨损标准：深度<0.5 mm，宽度<6.0 mm。

⑤ 离合器压盘平面度<0.2 mm。

（2）设备器材：常用工具一套、百分表及磁性座、塞尺、游标卡尺（图 1-21），以及 2007 款卡罗拉 1.6L 手动 GL 型轿车离合器总成。

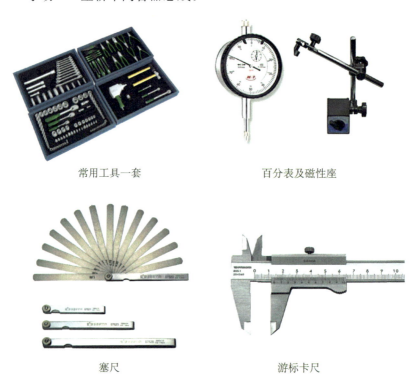

常用工具一套　　　　　　百分表及磁性座

塞尺　　　　　　游标卡尺

图 1-21　部分设备器材

(3) 场地设施:具有消防设施的场地。
(4) 耗材:干净抹布、手套。

(二)操作步骤

1. 就车检查飞轮

(1) 就车检查飞轮是否变形或损坏,如有,则更换飞轮。

(2) 用百分表测量飞轮总成的端面跳动(图1-22)。

记录检测数据并与标准数据进行对比。

检测内容	检测数据	标准数据
端面跳动		<0.1 mm

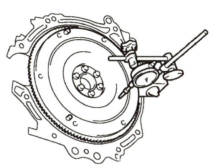

图1-22 测量飞轮端面跳动

离合器总成检修

若不符合标准,则更换飞轮总成。

2. 检查离合器从动盘

(1) 检查从动盘是否变形,如有,则更换。

(2) 检查摩擦片表面是否有油污或被烧蚀,摩擦片磨损是否均匀。

(3) 用游标卡尺测量从动盘铆钉头深度(图1-23)。

记录检测数据并与标准数据进行对比。

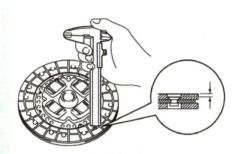

图1-23 测量从动盘铆钉头深度

检测内容	检测数据	标准数据
铆钉深度		>0.3 mm

若不符合标准,则更换离合器从动盘总成。

(4) 使用百分表测量离合器从动盘的端面跳动(图1-24)。

记录检测数据并与标准数据进行对比。

检测内容	检测数据	标准数据
端面跳动		<0.8 mm

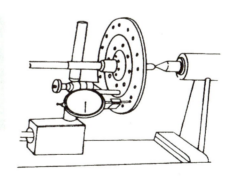

图1-24 测量从动盘端面跳动

若不符合标准,则更换离合器从动盘总成。

3. 检查离合器盖

使用游标卡尺测量膜片弹簧磨损的深度和宽度（图1-25）。记录检测数据并与标准数据进行对比。

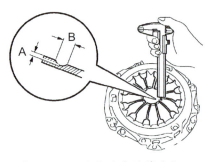

图1-25 测量膜片弹簧磨损深度和宽度

检测内容	检测数据	标准数据
磨损深度		<0.5 mm
磨损宽度		<6.0 mm

若不符合标准数据,则需更换离合器盖。

4. 检查离合器压盘

（1）检查压盘面是否变形,是否有裂纹或烧蚀,压盘面磨损是否均匀,膜片弹簧弹力是否正常,若在检查中发现异常情况,应进行修复或更换。

（2）使用直尺和厚薄规测量离合器压盘平面度（图1-26）。

记录检测数据并与标准数据进行对比。

图1-26 测量压盘平面度

检测内容	检测数据	标准数据
平面度		<0.2 mm

若不符合要求,则需更换离合器压盘。

任务小结

1. 摩擦离合器按压紧弹簧形式不同分类

可分为周布弹簧离合器和膜片弹簧离合器。膜片弹簧离合器主要由飞轮、从动盘、压盘、传动片、膜片弹簧、离合器盖、分离叉和分离轴承等组成。

2. 离合器总成检修的主要内容

（1）检查飞轮是否变形或损坏：端面跳动应小于0.1 mm。

（2）检查离合器从动盘：铆钉深度标准值应大于0.3 mm,径向跳动应小于0.8 mm。

（3）检查离合器盖：磨损深度应小于0.5 mm,磨损宽度应小于6.0 mm。

（4）检查离合器压盘：平面度应小于0.2 mm。

（一）课堂练习

1. 判断题

（1）目前最常用的是周布弹簧离合器。（   ）

（2）摩擦片沾油或磨损过甚会导致离合器打滑。（   ）

（3）离合器主、从动部分工作时处于分离状态。（   ）

（4）2007款卡罗拉1.6L手动GL型轿车的离合器飞轮端面跳动可以大于0.1 mm。（   ）

2. 单选题

（1）离合器主动部分不包括（   ）。

    A. 压盘   B. 飞轮

    C. 摩擦片   D. 离合器盖

（2）下列有关离合器的传动顺序正确的是（   ）。

    A. 飞轮、离合器壳、压盘、离合器片、变速器输入轴

    B. 飞轮、压盘、离合器盖、离合器片、变速器输入轴

    C. 飞轮、离合器片、压盘、变速器输入轴

    D. 飞轮、离合器壳、离合器片、压盘、变速器输入轴

（二）技能评价

表1-2 技能评价表

序号	内容	分值	得分
1	检查离合器飞轮是否损坏或变形，其端面跳动量是否符合标准	20	
2	检查离合器从动盘铆钉头深度是否符合标准	20	
3	检查离合器从动盘端面跳动量是否符合标准	20	
4	检查离合器盖膜片弹簧磨损深度和宽度是否符合标准	20	
5	检查离合器压盘平面度是否符合标准	20	
	总分	100	

（注：操作规范即得分，操作错误或未进行操作即0分）

学习拓展

离合器卡滞的故障原因及排除方法见表1-3。

表1-3 离合器卡滞的故障原因及排除方法

故障原因	排除方法
离合器踏板卡住	检查离合器踏板是否正常工作,若有故障,则更换离合器踏板。
离合器执行器缸卡滞或卡死	检查离合器执行器缸活塞密封件是否卡滞或卡在轮毂上。如果离合器执行器卡滞,则将其更换。
离合器主缸卡滞	检查离合器主缸活塞是否卡滞或卡在缸内。如果有故障,则更换主缸。
离合器安装不当	检查压盘是否存在因压盘螺栓紧固不当所导致的变形。 检查离合器盘是否安装正确。 检查离合器盘是否反向安装。 若安装部件损坏或错误,则更换离合器总成。
输入轴上的离合器盘卡滞	检查输入轴是否有铁锈、灰尘或碎屑。 清洁并润滑输入轴。 检查离合器盘毂是否弯曲。如果离合器盘故障,则更换离合器总成。 检查输入轴花键是否因过度磨损而导致离合器盘卡滞。如果输入轴磨损,则更换变速器。
离合器压盘损坏	检查压盘是否因车辆使用不当而导致传送带弯曲。如果离合器压盘损坏,则更换离合器总成。
飞轮不均匀	检查飞轮表面是否翘曲或不均匀。如果翘曲或不均匀,则更换飞轮。

项目二 手动变速器检修

项目导入

在汽车的传动系统中,手动变速器安装在离合器的后面,它能改变发动机转矩和转速的变化范围以及动力传递的方向,以获得汽车行驶所需要的驱动力和速度。

本项目主要介绍手动变速器变速器传动机构和变速操纵机构的检修方法。

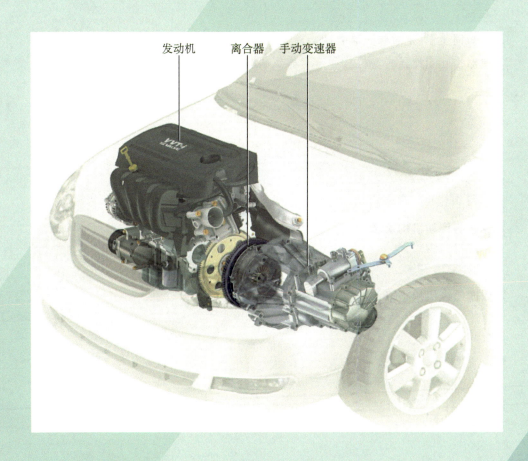

发动机　离合器　手动变速器

学习目标

素养目标：
1. 了解安全操作要求，养成安全文明操作的习惯。
2. 养成组员之间互相协作的习惯。
3. 实施操作结束后，清洁工具，并将工具设备归位，清洁场地。

技能目标：
1. 根据维修手册对手动变速器变速器传动机构和变速操纵机构进行规范检修。

知识目标：
1. 熟知同步器、定位锁止装置的功用与结构。
2. 准确描述变速器传动机构和变速操纵机构的检修内容及方法。

学习任务

学习任务 1
◇ 变速器传动机构检修

学习任务 2
◇ 变速操纵机构检修

学习任务 1　变速器传动机构检修

任务目标：
1. 熟知同步器的结构及工作原理。
2. 准确叙述变速器传动机构的检修内容及方法。
3. 在 45 分钟内完成 2007 款卡罗拉 1.6L 手动 GL 型轿车变速器传动机构的检修。

学习重点：
1. 同步器的结构及工作原理。
2. 变速器传动机构的检修内容及方法。

知识准备

1. 变速器传动机构

变速器传动机构的作用是改变速比和旋转方向，其主要由齿轮、轴、同步器、壳体和支承件等组成。

手动变速器概述

图 2-1　两轴式手动变速器变速器传动机构组成

2. 同步器的功用与结构

同步器用来防止"齿轮噪声",使换挡较为顺畅,其结构如图2-2所示。带有同步器的变速器具有下列优点:

① 换挡时不需要驾驶员"双离合"(每次换挡时踩下离合器两次)。
② 换挡时,稍作延迟便可挂上挡位。
③ 换挡更加平稳,且不损伤齿轮。

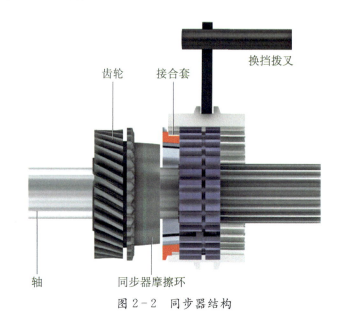

图2-2 同步器结构

同步器的常见形式有锁环式和锁销式,如图2-3所示,二者的区别主要是前者的自锁结构在锁环上而后者的在锁销上。本次活动主要以卡罗拉轿车上运用的锁环式同步器进行介绍。

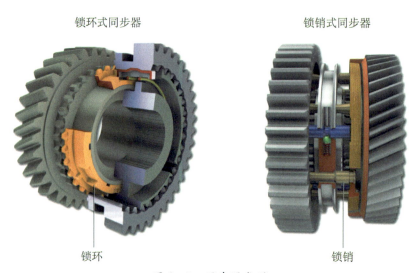

图2-3 同步器类型

锁环式同步器由接合套、锁环、花键毂、滑块及卡环等组成,如图2-4所示。

图2-4 锁环式同步器结构

3. 变速器传动机构的检修

变速器传动机构的检修主要包含以下内容:

(1) 同步器的检修

同步器的常见损伤形式是齿轮变形或损伤(如图2-5所示)以及滑块或接合套磨损、卡滞等。

同步器齿轮变形或有损伤时,不能与接合套正常啮合;同步器滑块与花键毂槽磨损严重时,滑块无法与锁环正常咬合;同步器接合套与花键毂的轴向移动卡滞,这些故障都将引起换挡困难。而同步器接合套磨损变形,与齿轮不能维持在正确的接合位置,则容易造成变速器脱挡。

同步器检修的主要内容是:检查同步器齿轮是否变形或损伤,接合套的接合齿是否磨损过度,同步环和接合套内接合齿轮齿形是否偏磨损,如出现异常情况,应进行相应的修复或更换。

(2) 齿轮的检修

齿轮的常见损伤形式是过度磨损(图2-6)或变形损坏等。

齿轮过度磨损,使得沿齿长方向形成倒锥形,啮合时产生一个轴向推力,再加上工作中的振动、转速变化引起惯性等作用,迫使正在啮合的齿轮沿变速器轴向脱开,如此便容易造成变速器脱挡。

图2-5 同步器齿轮变形

齿轮检修的主要内容是:检查齿轮齿形是否磨损过度或断齿、齿轮齿形在齿长方向是否磨损成锥形,若有过度磨损现象则应更换。

（3）轴的检修

轴的常见损伤形式是轴弯曲变形或花键损坏以及轴与轴承之间的松旷等。

图 2-6　齿轮过度磨损

变速器轴弯曲变形或花键损坏，换挡时滑动齿轮或接合齿套的移动阻力增大或卡滞，造成换挡困难。变速器轴、轴承磨损或轴向间隙过大，在工作中引起轴向或径向窜动，使齿轮啮合不足，沿轴向和径向摆动造成脱挡。

轴检修的主要内容是：检查输入轴与输出轴是否有磨损变形，各轴颈及花键是否有严重磨损，有异常时，应予以修复或更换；检查变速器轴和轴承的工作情况，踩下离合器踏板，撬动轴或齿轮，检查轴承的旷动量，必要时拆卸检查或更换。

（一）实施方案

1. 质量要求

参照厂家的质量标准要求。

2. 组织方式

每四位同学一组，对 2007 款卡罗拉 1.6L 手动 GL 型轿车的变速器变速器传动机构进行检查，按照企业岗位操作规范进行作业。每组作业时间为 90 分钟。

3. 作业准备

（1）技术要求与标准

表 2-1　技术要求与标准

检测内容		标准值	最大值
一挡齿轮	轴向间隙	0.10—0.40 mm	0.40 mm
	径向间隙	0.015—0.056 mm	0.056 mm
二挡齿轮	轴向间隙	0.10—0.55 mm	0.55 mm
	径向间隙	0.015—0.056 mm	0.056 mm
三挡齿轮	轴向间隙	0.10—0.35 mm	0.35 mm
	径向间隙	0.015—0.056 mm	0.056 mm
四挡齿轮	轴向间隙	0.10—0.55 mm	0.55 mm
	径向间隙	0.009—0.050 mm	0.050 mm

续表

检测内容		标准值	最大值
五挡齿轮	内径	29.915—29.931 mm	29.931 mm

检测内容	标准值
输入轴径向跳动	0.015 mm
输出轴径向跳动	0.015 mm

（2）设备器材：常用工具一套、百分表及磁性座、测径规、SST 专用工具和压力机、螺旋测微器、塞尺、游标卡尺（图 2-7），以及 2007 款卡罗拉 1.6L 手动 GL 型轿车手动变速器。

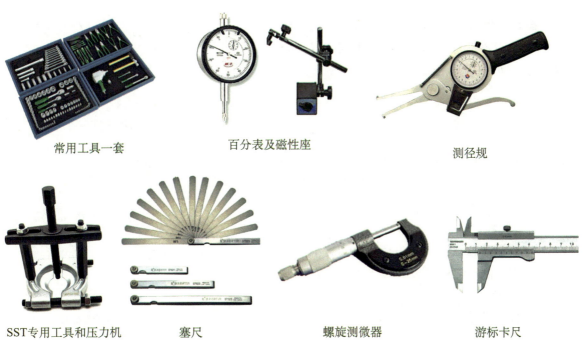

图 2-7　部分设备器材

（3）场地设施：具有消防设施的场地。
（4）耗材：干净抹布、手套。

（二）操作步骤

步骤一　检查并拆卸手动变速器输入轴齿轮

1. 检查四挡齿轮轴向间隙

用塞尺测量四挡齿轮轴向间隙（图 2-8）。

标准间隙：0.10—0.55 mm。

最大间隙：0.55 mm。

如果间隙超过最大值,更换变速器 2 号离合器毂、四挡齿轮或输入轴后径向滚珠轴承。

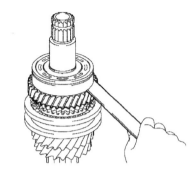

图 2-8　测量四挡齿轮轴向间隙

2. 检查三挡齿轮轴向间隙

用百分表测量三挡齿轮轴向间隙(图 2-9)。

标准间隙：0.10—0.35 mm。

最大间隙：0.35 mm。

如果间隙超过最大值,更换变速器 2 号离合器毂、三挡齿轮或输入轴。

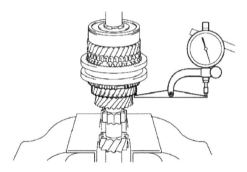

图 2-9　测量三挡齿轮轴向间隙

3. 检查四挡齿轮径向间隙

用百分表在齿轮和轴之间测量四挡齿轮径向间隙(图 2-10)。

标准间隙：

NSK 制造轴承：0.009—0.050 mm。

KOYO 制造轴承：0.009—0.050 mm。

最大间隙：

NSK 制造轴承：0.050 mm。

KOYO 制造轴承：0.050 mm。

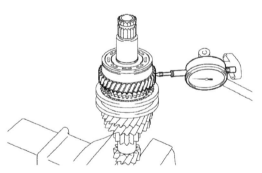

图 2-10　测量四挡齿轮径向间隙

如果间隙超过最大值,更换四挡齿轮、四挡齿轮滚针轴承或输入轴。

4. 检查三挡齿轮径向间隙

用百分表测量三挡齿轮径向间隙(图 2-11)。

标准间隙：

NSK 制造轴承：0.015—0.056 mm。

KOYO 制造轴承：0.015—0.058 mm。

最大间隙：

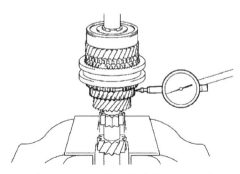

图 2-11　测量三挡齿轮径向间隙

NSK 制造轴承：0.056 mm。
KOYO 制造轴承：0.058 mm。

如果间隙超过最大值，更换三挡齿轮、三挡齿轮滚针轴承或输入轴。

5. 拆卸四挡齿轮

（1）用2把螺丝刀和锤子从输入轴上拆下输入轴后轴承卡环（图2-12）。

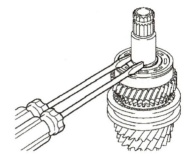

图 2-12 拆下输入轴后轴承卡环

◇ 用抹布或布条防止卡环飞出。

（2）用 SST 和压力机从输入轴上拆下输入轴后径向滚珠轴承和四挡齿轮（图2-13）。

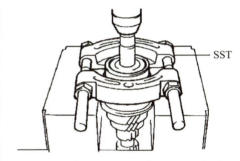

图 2-13 拆下输入轴滚珠轴承和四挡齿轮

◇ 不要过度紧固 SST。
◇ 用手支撑输入轴总成以防其掉落。

6. 拆卸四挡齿轮滚针轴承

从输入轴上拆下四挡齿轮滚针轴承和四挡齿轮轴承隔垫（图2-14）。

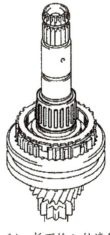

图 2-14 拆下输入轴滚针轴承

7. 拆卸四挡齿轮同步器锁环

从变速器2号离合器毂上拆下四挡齿轮同步器锁环。

8. 拆卸三挡齿轮

(1) 用2把螺丝刀和锤子从输入轴上拆下2号离合器毂调节轴卡环(图2-15)。

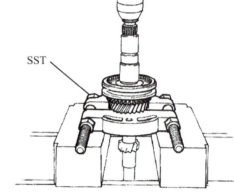

图2-15 拆下2号离合器毂调节轴卡环

(2) 用SST和压力机从输出轴上拆下变速器2号离合器毂和三挡齿轮(图2-16)。

图2-16 拆下2号离合器毂和三挡齿轮

9. 拆卸三挡齿轮同步器锁环

从三挡齿轮上拆下三挡齿轮同步器锁环。

10. 拆下三挡齿轮滚针轴承

从输入轴上拆下三挡齿轮滚针轴承。

11. 拆卸变速器2号接合套

从变速器2号离合器毂上拆下变速器2号接合套(图2-17)、3个换挡键和3个换挡键弹簧。

图2-17 拆下2号接合套

步骤二 检查手动变速器输入轴

1. 用百分表检查输入轴的径向跳动(图2-18)。

最大径向跳动：0.015 mm。

如果径向跳动超过最大值，更换输入轴。

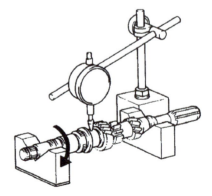

图2-18 检查输入轴径向跳动

2. 用螺旋测微器在所示位置测量输入轴轴颈表面外径(图 2-19)。

标准外径：

部位 A：24.885—24.900 mm。

部位 B：28.991—29.006 mm。

部位 C：30.985—31.000 mm。

部位 D：24.985—25.000 mm。

最小外径：

部位 A：24.885 mm。

部位 B：28.991 mm。

部位 C：30.985 mm。

部位 D：24.985 mm。

如果任一外径小于最小值，更换输入轴。

3. 检查四挡齿轮

用内径量表测量四挡齿轮内径(图 2-20)。

标准内径：34.015—34.031 mm。

最大内径：34.031 mm。

如果内径超过最大值，更换四挡齿轮。

4. 检查三挡齿轮

用内径量表测量三挡齿轮的内径。

标准内径：36.015—36.031 mm。

最大内径：36.031 mm。

如果内径超过最大值，更换三挡齿轮。

5. 检查四挡齿轮同步器锁环(图 2-21)

(1) 检查磨损和损坏情况。

(2) 在四挡齿轮锥上涂抹齿轮油。

(3) 将同步器锁环推向四挡齿轮锥的同时使其沿一个方向转动。

(4) 检查并确认锁环锁止。

如果同步器锁环未锁止，更换同步器锁环。

(5) 用塞尺测量同步器锁环和花键齿轮端部之间的间隙(图 2-22)。

标准间隙：0.75—1.65 mm。

最小间隙：0.75 mm。

如果间隙小于最小值，更换同步器锁环。

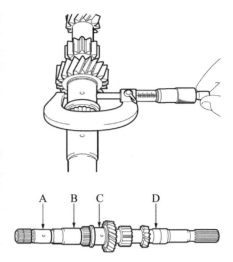

图 2-19 检查输入轴轴颈表面外径

图 2-20 检查四挡齿轮内径

图 2-21 检查四挡同步器锁环

6. 检查三挡齿轮同步器锁环

(1) 检查磨损和损坏情况。

(2) 在三挡齿轮锥上涂抹齿轮油。

(3) 将同步器锁环推向三挡齿轮锥的同时使其沿一个方向转动。

(4) 检查并确认锁环锁止。

如果同步器锁环未锁止,更换同步器锁环。

(5) 用塞尺测量同步器锁环和花键齿轮端部之间的间隙。

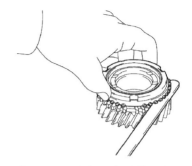

图 2-22 检查同步器锁环与花键间隙

标准间隙:0.75—1.65 mm。

最小间隙:0.75 mm。

如果间隙小于最小值,更换同步器锁环。

7. 检查变速器 2 号接合套

(1) 检查变速器 2 号接合套和变速器 2 号离合器毂之间的滑动情况。

(2) 检查并确认变速器 2 号接合套的花键齿轮边缘未磨掉。

(3) 用游标卡尺测量变速器 2 号接合套凹槽宽度(B)和 2 号换挡拨叉卡爪部分的厚度(A),并计算间隙(图 2-23)。

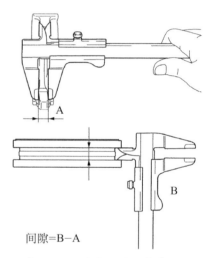

图 2-23 检查 2 号接合套间隙

标准间隙(B-A):0.15—0.35 mm。

如果间隙超出规定范围,更换变速器 2 号接合套和 2 号换挡拨叉。

8. 检查同步器 3 号锁环

(1) 检查磨损和损坏情况。

(2) 在五挡齿轮锥上涂抹齿轮油。

(3) 将同步器锁环推向五挡齿轮锥的同时使其沿一个方向转动。

(4) 检查并确认锁环锁止。

如果同步器锁环未锁止,更换同步器锁环。

(5) 用塞尺测量同步器锁环和花键齿轮端部之间的间隙。

标准间隙:0.75—1.65 mm。

最小间隙:0.75 mm。

如果间隙小于最小值,更换同步器锁环。

9. 检查变速器 3 号接合套

(1) 检查变速器 3 号接合套和变速器 3 号离合器毂之间的滑动情况。

(2) 检查并确认变速器 3 号接合套的花键齿轮边缘未磨掉。

(3) 用游标卡尺测量变速器 3 号接合套凹槽宽度(A)和 3 号换挡拨叉卡爪部分的厚度(B)，并计算间隙。

标准间隙(A−B)：0.3—0.5 mm。

如果间隙超过标准值，更换变速器 3 号接合套和 3 号换挡拨叉。

10. 检查五挡齿轮

用测径规测量五挡齿轮的内径(图 2-24)。

标准内径：29.915—29.931 mm。

最大内径：29.931 mm。

如果内径超过最大值，更换五挡齿轮。

图 2-24　检查五挡齿轮内径

11. 检查倒挡惰轮分总成(图 2-25)

(1) 用测径规检查倒挡惰轮。

标准内径：18.040—18.058 mm。

最大内径：18.058 mm。

如果内径超过最大值，更换倒挡惰轮分总成。

(2) 用螺旋测微器检查倒挡惰轮轴。

标准外径：17.966—17.984 mm。

最小外径：17.966 mm。

如果外径小于最小值，更换倒挡惰轮轴。

12. 输入轴检查完毕后要进行组装

注意：组装的顺序与拆卸的顺序相反。

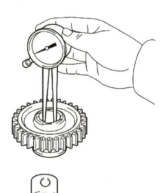

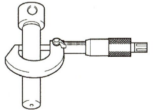

图 2-25　检查倒挡惰轮分总成

步骤三　检查并拆卸手动变速器输出轴齿轮

1. 检查一挡齿轮轴向间隙

用塞尺测量一挡齿轮轴向间隙(图 2-26)。

标准间隙：0.10—0.40 mm。

最大间隙：0.40 mm。

如果间隙超过最大值，更换一挡齿轮止推垫圈、一挡齿轮或变速器 1 号离合器毂。

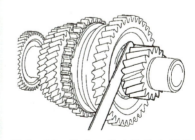

图 2-26　检查一挡齿轮轴向间隙

2. 检查二挡齿轮轴向间隙

用百分表测量二挡齿轮轴向间隙(图 2-27)。

标准间隙：0.10—0.55 mm

最大间隙：0.55 mm

如果间隙超过最大值,更换变速器 1 号离合器毂、二挡齿轮或三挡从动齿轮。

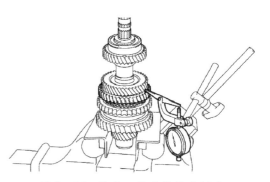

图 2-27 检查二挡齿轮轴向间隙

3. 检查一挡齿轮径向间隙

用百分表测量一挡齿轮径向间隙(图 2-28)。

标准间隙：

NSK 制造轴承：0.015—0.056 mm。

KOYO 制造轴承：0.015—0.058 mm。

最大间隙：

NSK 制造轴承：0.056 mm。

KOYO 制造轴承：0.058 mm。

如果间隙超过最大值,更换一挡齿轮、一挡齿轮滚针轴承或输入轴。

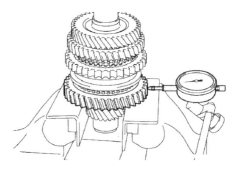

图 2-28 检查一挡齿轮径向间隙

4. 检查二挡齿轮径向间隙

用百分表测量二挡齿轮径向间隙(图 2-29)。

标准间隙：

NSK 制造轴承：0.015—0.056 mm。

KOYO 制造轴承：0.015—0.058 mm。

最大间隙：

NSK 制造轴承：0.056 mm。

KOYO 制造轴承：0.058 mm。

如果间隙超过最大值,更换二挡齿轮、二挡齿轮滚针轴承或输入轴。

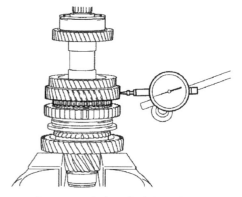

图 2-29 检查二挡齿轮径向间隙

5. 拆卸四挡从动齿轮

用 SST 和压力机从输出轴上拆下输出轴后轴承和四挡从动齿轮(图 2-30)。

6. 拆卸输出齿轮隔垫

从输出轴上拆下输出齿轮隔垫。

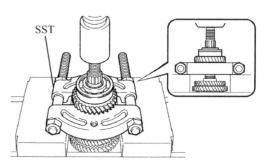

图 2-30 拆卸四挡从动齿轮

7. 拆卸二挡齿轮

用 SST 和压力机从输出轴上拆下三挡从动齿轮和二挡齿轮(图 2-31)。

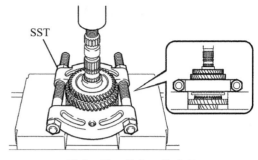

图 2-31 拆卸二挡齿轮

8. 拆卸二挡齿轮滚针轴承

从输出轴上拆下二挡齿轮滚针轴承和二挡齿轮轴承隔垫(图 2-32)。

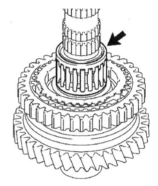

图 2-32 拆卸二挡齿轮滚针轴承

9. 拆卸同步器 2 号锁环组件(二挡齿轮)

从输出轴上拆下同步器 2 号锁环组件(图 2-33)。

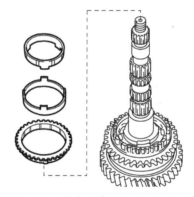

图 2-33 拆卸同步器 2 号锁环组件

10. 拆卸一挡齿轮(图 2-34)

(1)用 2 把螺丝刀和锤子从输出轴上拆下 1 号离合器毂轴卡环。

(2)用 SST 和压力机从输出轴上拆下 1 号离合器毂总成和一挡齿轮。

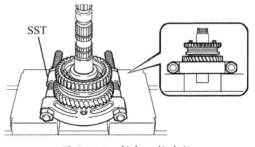

图 2-34 拆卸一挡齿轮

11. 拆卸同步器 1 号锁环组件（一挡齿轮）

从一挡齿轮上拆下同步器 1 号锁环组件（图 2-35）。

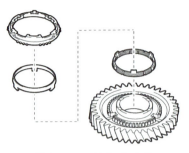

图 2-35 拆卸同步器

12. 拆卸一挡齿轮滚针轴承

从输出轴上拆下一挡齿轮滚针轴承。

13. 拆卸一挡齿轮止推垫圈

从输出轴上拆下一挡齿轮止推垫圈（图 2-36）。

14. 拆卸一挡齿轮止推垫圈销或钢球

从输出轴上拆下一挡齿轮止推垫圈销或钢球。

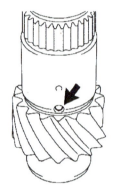

图 2-36 拆卸一挡齿轮止推垫圈

15. 拆卸倒挡齿轮

从变速器 1 号离合器毂上拆下倒挡齿轮、3 个同步啮合换挡键和 3 个同步啮合换挡键弹簧（图 2-37）。

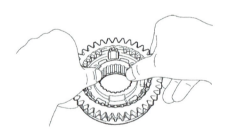

图 2-37 拆卸倒挡齿轮

步骤四　检查手动变速器输出轴

1. 检查输出轴

（1）用百分表和 2 个 V 形块检查输出轴径向跳动（图 2-38）。

最大径向跳动：0.015 mm。

如果径向跳动超过最大值，更换输出轴。

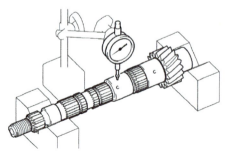

图 2-38 检查输出轴径向跳动

(2) 用螺旋测微器在所示位置测量输出轴轴颈表面的外径(图 2-39)。

标准外径：

部位 A：31.985—32.000 mm

部位 B：37.985—38.000 mm

部位 C：32.985—33.000 mm

如果外径小于最小值,更换输出轴。

2. 检查二挡齿轮

用内径量表测量二挡齿轮的内径。

标准内径：38.015—38.031 mm。

最大内径：38.031 mm。

如果内径超过最大值,更换一挡齿轮。

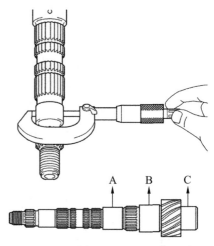

图 2-39 检查输出轴轴颈表面外径

3. 检查一挡齿轮

用内径量表测量一挡齿轮的内径(图 2-40)。

标准内径：44.015—44.031 mm。

最大内径：44.031 mm。

如果内径超过最大值,更换一挡齿轮。

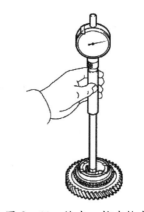

图 2-40 检查一挡齿轮内径

4. 检查一挡齿轮止推垫圈

用螺旋测微器测量一挡齿轮止推垫圈(图 2-41)。

标准厚度：5.975—6.025 mm。

最小厚度：5.975 mm。

如果厚度小于最小值,更换一挡齿轮止推垫圈。

5. 检查同步器 2 号锁环组件(二挡齿轮)

(1) 在二挡齿轮锥和同步器 2 号锁环组件(内环、中环和外环)上涂抹齿轮油。

(2) 将内环安装至二挡齿轮。

(3) 将中环安装至二挡齿轮。

(4) 将外环安装至二挡齿轮。

(5) 检查磨损和损坏情况。

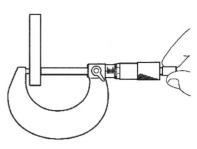

图 2-41 检查一挡齿轮止推垫圈

(6) 将同步器锁环组件推向二挡齿轮锥的同时使其沿一个方向转动。

(7) 检查并确认锁环组件锁止。如果同步器锁环组件未锁止，更换同步器锁环组件。

(8) 用塞尺测量同步器锁环和花键齿轮端部之间的间隙（图2-42）。

标准间隙：0.60—1.40 mm。

最小间隙：0.60 mm。

如果间隙小于最小值，更换同步器锁环组件。

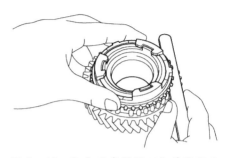

图2-42 检查同步器锁环与花键间隙

6. 检查同步器1号锁环组件（一挡齿轮）

(1) 在一挡齿轮锥和同步器1号锁环组件（内环、中环和外环）上涂抹齿轮油。

(2) 将内环安装至一挡齿轮。

(3) 将中环安装至一挡齿轮。

(4) 将外环安装至一挡齿轮。

(5) 检查磨损和损坏情况。

(6) 将同步器锁环组件推向一挡齿轮锥的同时使其沿一个方向转动。

(7) 检查并确认锁环组件锁止。如果同步器锁环组件未锁止，更换同步器锁环组件。

(8) 用塞尺测量同步器锁环和花键齿轮端部之间的间隙。

标准间隙：0.60—1.40 mm。

最小间隙：0.60 mm。

如果间隙小于最小值，更换同步器锁环组件。

7. 检查倒挡齿轮

用游标卡尺测量倒挡齿轮凹槽宽度（A）和倒挡拨叉卡爪部分的厚度（B），并计算间隙（图2-43）。

标准间隙（A-B）：0.15—0.35 mm

如果间隙超出规定范围，更换倒挡齿轮和倒挡换挡拨叉。

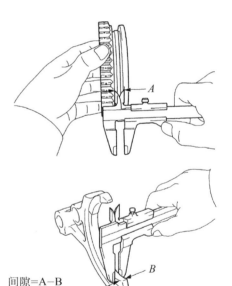

间隙=A-B

图2-43 检查倒挡齿轮

8. 检查变速器1号离合器毂（图2-44）

(1) 检查并确认变速器1号离合器毂和倒挡齿轮滑动平稳。

(2) 检查并确认倒挡花键齿轮边缘没有被磨掉。

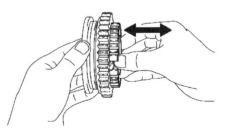

图2-44 检查1号离合器毂

任务小结

1. 同步器检修的主要内容

检查同步器齿轮是否变形或损伤，接合套的接合齿是否磨损过度，同步环和接合套内接合齿轮齿形是否偏磨损，如出现异常情况，则应修复或更换。

2. 齿轮检修的主要内容

检查齿轮齿形是否磨损过度或断齿、齿轮齿形在齿长方向是否磨损成锥形，如有异常应更换。

3. 轴检修的主要内容

检查输入轴与输出轴是否有磨损变形，各轴颈及花键不应有严重磨损，异常时，应修复或更换。检查变速器轴和轴承的工作情况，踩下离合器踏板，撬动轴或齿轮，检查轴承的旷动量，必要时拆卸检查。

4. 2007 款卡罗拉 1.6L 手动 GL 型轿车手动变速器变速器传动机构检修的主要内容

（1）检查手动变速器输入轴齿轮。

（2）检查手动变速器输入轴及同步啮合机构。

（3）检查手动变速器输出轴及输出轴齿轮。

（一）课堂练习

1. 判断题

（1）造成变速器换挡困难的最主要原因是同步器故障。（　　）

（2）变速器传动机构的作用是改变速比和旋转方向。（　　）

（3）有了同步器，可以使发动机的转矩变大。（　　）

（4）常见的同步器有锁环式和锁销式。（　　）

（5）2007 款卡罗拉 1.6L 手动 GL 型轿车手动变速器输入轴的径向跳动最大值为 0.025 mm。（　　）

（6）手动变速器俗称"AT"。（　　）

2. 单选题

（1）手动变速器属于汽车底盘的（　　）系统。

　　A. 行驶　　　　　　　　B. 制动

　　C. 传动　　　　　　　　D. 转向

(2) 下列不属于同步器功用的是（　　）。
　　A. 不需要"双离合"　　　　　　　B. 换挡顺畅
　　C. 增加转矩　　　　　　　　　　D. 减小齿轮磨损
(3) 2007 款卡罗拉 1.6L 手动 GL 型轿车手动变速器输出轴的径向跳动最大值为（　　）。
　　A. 0.010 mm　　B. 0.015 mm　　C. 0.020 mm　　D. 0.025 mm

（二）技能评价

表 2-2　技能评价表

序号	内　　容	分值	得分
1	检查四、三挡齿轮轴向和径向间隙	10	
2	拆卸输入轴齿轮	10	
3	检查输入轴径向跳动和轴颈外径	10	
4	检查四、三挡同步器锁环组件	10	
5	检查输入轴五、四、三挡齿轮内径	10	
6	检查二、一挡齿轮轴向和径向间隙	10	
7	拆卸输出轴齿轮	10	
8	检查输出轴径向跳动和轴颈外径	10	
9	检查输出轴二、一挡齿轮内径	10	
10	检查二、一挡同步器锁环组件	10	
	总分	100	

（注：操作规范即得分，操作错误或未进行操作即 0 分）

学习任务 2　变速器操纵机构检修

任务目标

任务目标：
1. 熟知变速器操纵机构的分类与结构。
2. 熟知自锁、互锁、倒挡锁的结构与功用。
3. 准确叙述变速器操纵机构检修的主要内容及方法
4. 在30分钟内完成2007款卡罗拉1.6L手动GL型轿车变速操纵机构的检修。

学习重点：
1. 自锁、互锁、倒挡锁的结构与功用及变速操纵机构检修的主要内容及方法。

知识准备

1. 变速器操纵机构分类与结构

通常,变速器操纵机构分为间接式变速器操纵机构和直接式变速器操纵机构。间接式变速器操纵机构的变速杆通过一系列中间连接杆件操纵变速器的内操纵机构,进行选挡、换挡,这种操纵机构多用于前置前轮驱动的车辆,其结构如图2-45所示。

变速器操纵机构概述

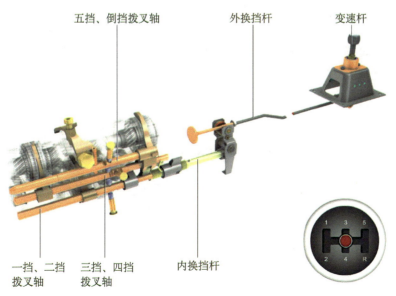

图 2-45　间接式变速器操纵机构

直接式变速器操纵机构一般由变速杆、拨块、拨叉、拨叉轴以及安全装置等组成,它通常布置在驾驶员座椅附近,变速杆由驾驶室底板伸出,驾驶员可以直接操纵,这种机构多用于发动机前置后轮驱动的车辆,其结构如图2-46所示。

图 2-46　直接式变速器操纵机构

2. 定位锁止装置

为了保证手动变速器能够准确无误地挂入所选定的挡位,并能可靠、安全地工作,手动变速器变速操纵机构设置了定位锁止装置。定位锁止装置主要有自锁装置、互锁装置、倒挡锁装置三种形式,如图2-47所示。

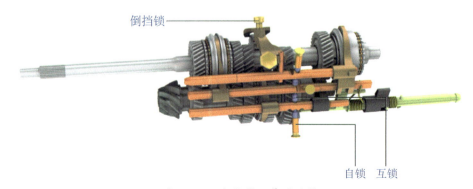

图 2-47　定位锁止装置结构

(1) 自锁装置

自锁装置用于防止变速器自动脱挡,并保证轮齿以全齿宽啮合。自锁装置的结构如图 2-48 所示,换挡拨叉轴上方有 3 个凹坑,上面有被弹簧压紧的钢珠,当拨叉轴位置处于空挡或某一挡位置时,钢珠压在凹坑内,起到了自锁作用。

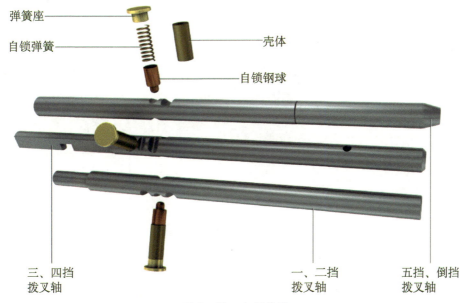

图 2-48 自锁装置

(2) 互锁装置

互锁装置用于防止同时挂上两个挡位。互锁装置的结构如图 2-49 所示,当中间拨叉轴移动挂挡时,另外两个拨叉轴被钢球锁住,防止同时挂上两个挡而使变速器齿轮卡死或损坏,起到了互锁作用。

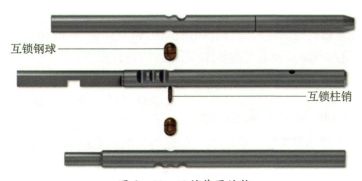

图 2-49 互锁装置结构

(3) 倒挡锁装置

倒挡锁装置用于防止误挂倒挡。倒挡锁装置的结构如图 2-50 所示,当换挡杆下端向倒挡拨叉轴移动时，必须压缩弹簧才能进入倒挡拨叉轴上的拨块槽中。这样防止了在汽车前进时因误挂倒挡而导致零件损坏，起到了倒挡锁的作用。当倒挡拨叉轴移动挂挡时，另外两个拨叉轴被钢球锁住。

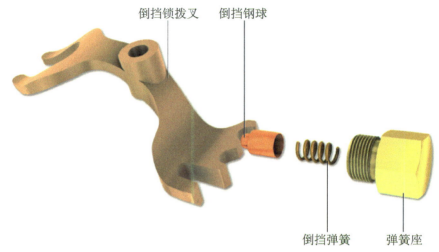

图 2-50 倒挡锁装置结构

3. 变速器操纵机构的检修

变速器操纵机构故障通常引起变速器换挡困难或脱挡，其具体检修如下。

(1) 变速器换挡困难故障检修

由变速器操纵机构故障引起手动变速器换挡困难的检修内容为：变速杆、自锁或互锁机构、拨叉轴等。

变速杆调整不当，使变速器只有一个方向能挂上挡，此时应调整变速杆的位置；变速杆拨动的极限位置达不到规定标准，也使变速器很难挂上挡，此时应检查换挡拨叉及接合器是否变形。

变速器自锁或互锁机构的定位销或互锁销损伤、锁定弹簧过硬，使得拨叉轴的移动阻力增大或卡滞，造成换挡困难。如上述构件出现异常，需进行更换。

变速器拨叉轴弯曲变形（图 2-51）使拨叉轴轴向移动的阻力增大或卡滞，拨叉的工作位置不佳，不能使待啮合的主、从动齿轮或接合齿套顺利啮合，造成换挡困难。如上述构件出现异常，需进行更换。

图 2-51 拨叉轴弯曲

(2) 变速器脱挡故障检修

由变速器操纵机构故障引起手动变速器脱挡的检修内容为：变速杆、跳挡的挡位拨叉和拨叉轴、定位装置等。

由于变速器操纵机构松旷或调整不当、拨叉变形、拨块凹槽磨损等原因，使齿轮在齿长方向啮合不足,造成脱挡。此时应检查换挡杆是否到位,变速杆与换挡杆交接是否松旷,变速杆球头是否磨损严重(图2-52),支撑杆套是否严重磨损,换挡杆拨块与拨块凹槽磨损是否严重。如上述构件出现异常,需进行更换。

自锁、互锁装置,变速器拨叉轴上的自锁定位槽和定位钢球磨损、定位弹簧弹力不足或折断,使得锁止力量不足,拨叉轴不能可靠定位,自锁装置失效,也会造成脱挡。如上述装置出现异常,需进行更换。

图2-52 变速杆球头磨损

图2-53 拨叉变形

拨叉磨损或变形(图2-53)也是造成变速器脱挡的原因之一,如拨叉或拨叉轴出现异常,也需要进行更换。

(一)实施方案

1. 质量要求

参照厂家的质量标准要求。

2. 组织方式

每四位同学一组,检查2007款卡罗拉1.6L手动GL型轿车变速器的操纵机构,按照企业岗位操作规范进行作业。每组作业时间为30分钟。

3. 作业准备

(1)技术要求与标准

① 检查拨叉轴是否有弯曲或变形,若有,则需矫正或更换。

② 检查定位锁止装置中的定位销和锁止销是否有损伤,锁定弹簧是否过硬,若有,则需更换。

③ 检查换挡杆是否有变形,换挡阻力是否适中,若换挡杆变形或换挡阻力过大,则需更换。

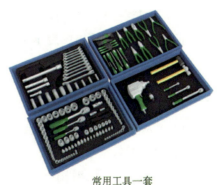

常用工具一套

图2-54 部分设备器材

(2) 设备器材：常用工具一套（图2-54）、2007款卡罗拉1.6L手动GL型轿车一台。

(3) 场地设施：具有消防设施的场地。

(4) 耗材：干净抹布、手套。

（二）操作步骤

本活动以变速器换挡困难为例，介绍变速器操纵机构的检修方法。

前后拨动变速杆，若只有一个方向能挂上挡说明变速杆调整不当，应松开换挡接合器与换挡夹毂的螺栓，调整变速杆位置；左右拨动变速杆若达不到极限位置，则应检查换挡拨叉及接合器是否变形。

1. 拆卸换挡操纵机构

（1）按照维修手册选用套筒、棘轮扳手，拆卸主副驾驶座椅。

（2）选用十字螺丝刀，拆卸前后地板控制台。

（3）拆卸换挡杆止动卡箍，然后取下换挡手柄。

图2-55 拆卸换挡操纵机构(a)

拆卸换挡操纵机构

（4）选用套筒、棘轮扳手拆卸前地板控制台支架固定螺栓。

（5）选用套筒、接杆、棘轮扳手，拆卸换挡拉杆卡箍固定螺栓。

（6）将换挡拉杆与连杆总成分离，并拆下拉杆固定卡箍。

（7）取下换挡波纹管和海绵垫片。

（8）将换挡杆壳体与拉杆向后取出。

（9）沿卡夹的缺口方向，从选挡拉杆与万向节固定销上推出固定卡夹，然后取下固定销。

图2-56 拆卸换挡操纵机构(b)

（10）分离连杆与万向节，拆卸换挡摇臂连杆总成上固定轴销。

（11）从变速驱动桥后支架上取下换挡摇臂连杆总成。

2. 检查与调整换挡杆

检查换挡杆时，可以先将挡位挂入一挡，推换挡杆至缓冲垫处后慢慢松开，测量返回行程是否符合标准;同样将换挡杆推入五挡缓冲垫处慢慢松开,再次测量其返回行程是否符合标准。如果两次的返回行程不等或不符合标准,则应对换挡杆进行调整,方法和步骤如下:

(1) 将换挡杆挂至一挡和二挡中间位置,用螺丝刀穿过换挡杆上调整孔和换挡壳体上调整孔固定换挡杆。

(2) 拧紧拉杆卡箍固定螺栓。

(3) 取出固定换挡杆的螺栓刀。

(4) 将换挡杆依次挂入各个挡位,确保换挡正常。

(5) 如不能换挡或换挡困难,重复以上步骤,直至正常为止。

图 2-57 换挡杆调整

换挡杆调整

3. 检查换挡机构

拆开变速器盖,检查换挡机构,检查拨叉轴是否弯曲,如果弯曲,需进行矫正或更换。

4. 检查定位锁止装置

检查自锁或互锁机构的定位销或互锁销是否损伤,锁定弹簧是否过硬,如果是,需进行更换。

5. 安装换挡操纵机构

按照拆卸的相反顺序安装换挡操纵机构。

任务小结

1. 变速器操纵机构的分类

变速器操纵机构分为间接式换挡操纵机构和直接式换挡操纵机构。

2. 定位锁止装置的组成

定位锁止装置由自锁装置、互锁装置、倒挡锁装置组成。

3. 手动变速器换挡困难或脱落时的检修内容

手动变速器换挡困难或脱挡时,主要检修:变速杆、换挡杆、自锁或互锁机构、拨叉、拨叉轴等。

4. 2007 款卡罗拉 1.6L 手动 GL 型轿车变速器的变速操纵机构检修的主要内容

（1）检查与调整换挡杆。

（2）检查换挡机构。

（3）检查定位锁止装置。

（一）课堂练习

1. 判断题

（1）自锁装置用于防止变速器自动脱挡，并保证轮齿以全齿宽啮合。（   ）

（2）变速操纵机构分为间接式换挡操纵机构和直接式换挡操纵机构。（   ）

（3）间接式变速操纵机构主要用于发动机前置后轮驱动的车辆。（   ）

（4）直接式变速操纵机构主要用于发动机前置后轮驱动的车辆。（   ）

（5）倒挡锁装置用于防止误挂倒挡。（   ）

2. 单选题

（1）汽车手动变速器的定位锁止装置一般有（   ）种形式。

　　A. 四　　　　　　B. 三　　　　　　C. 二　　　　　　D. 一

（2）下列哪一项不是造成变速器脱挡的原因（   ）

　　A. 自锁定位槽磨损　　　　　　B. 拨叉变形

　　C. 定位弹簧弹力不足　　　　　D. 同步器接合套磨损

（二）技能评价

表 2-3　技能评价表

序号	内　　容	分值	得分
1	拆卸换挡操纵机构	20	
2	检查与调整换挡杆	20	
3	检查换挡机构	20	
4	检查定位锁止装置	20	
5	安装换挡操纵机构	20	
	总分	100	

（注：操作规范即得分，操作错误或未进行操作即 0 分）

学习拓展

在大多数汽车上,换挡通过离合器的分离与接合实现,在分离与接合之间会有动力传递暂时中断的现象发生。为了解决这个问题,早在 20 世纪 80 年代,就出现了双离合变速器(英文缩写为 DCT),也可以称之为直接换挡变速器,简称 DSG(大众公司的叫法)。

1. 双离合变速器的优点

(1) 传动过程中的能耗损失非常有限,大大提高了车辆的燃油经济性。

(2) 反应非常灵敏,具有很好的驾驶乐趣。

(3) 车辆在加速过程中不会有动力中断的感觉,使车辆的加速更加强劲、平滑,加速时间短。

2. 双离合变速器的结构与原理

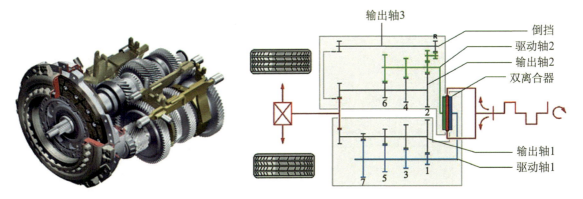

1:一挡齿轮副;2:二挡齿轮副;3:三挡齿轮副;4:四挡齿轮副;
5:五挡齿轮副;6:六挡齿轮副;7:七挡齿轮副;R:倒挡齿轮副

图 2-58 大众 7 速 DSG 结构原理图

图 2-58 所示为大众 7 速 DSG 的结构图和原理图。这种双离合变速器是一个整体,总共有 7 个挡位,换挡离合器与变速器装配在同一机构内,两个离合器互相配合工作。这好比一辆车有两套离合器,驾驶员控制一套,副驾驶员控制一套。驾驶员挂上一挡松开离合器踏板起步,这时副驾驶员预先挂上二挡但踩住离合器踏板;待车速提高准备换挡,驾驶员踩住离合器踏板的同时副驾驶员松开离合器踏板,二挡开始工作。这样可以避免挡位空置的情况出现,动力连续传递。双离合系统的两套离合器传动系统,通过电控单元协调工作。

项目三 万向传动装置检修

项目导入

万向传动装置一般是由万向节和传动轴组成。对于传动距离较远的分段式传动轴,为了提高传动轴的刚度,还要设置中间支承。万向传动装置的作用是在轴线相交且相对位置经常发生变化的两根转轴之间传递动力。

本项目主要是对万向传动装置进行拆装与检修,以使学习人员熟知万向传动装置的组成并掌握其基本检修方法。

学习目标

素养目标：
1. 了解安全操作要求,养成安全文明操作的习惯。
2. 养成组员之间互相协作的习惯。
3. 实施操作结束后,清洁工具,并将工具设备归位,清洁场地。

技能目标：
1. 根据标准工艺流程对万向传动装置进行拆装。
2. 根据规范要求检查万向传动装置

知识目标：
1. 熟知万向传动装置的组成。
2. 准确叙述万向传动装置检修的主要内容及方法。

学习任务

学习任务 1
◇ 万向传动装置检修

学习任务 1　万向传动装置检修

任务目标

任务目标：
1. 熟知万向传动装置的组成。
2. 准确叙述万向传动装置检修的主要内容及方法。
3. 根据标准工艺流程对万向传动装置进行拆装。
4. 根据规范要求检查万向传动装置。

学习重点：
1. 万向传动装置检修的主要内容及方法。

知识准备

1. 万向传动装置的组成

万向传动装置一般由万向节、传动轴、中间支承等组成。如图 3-1 所示为发动机前置后轮驱动型汽车的万向传动装置。

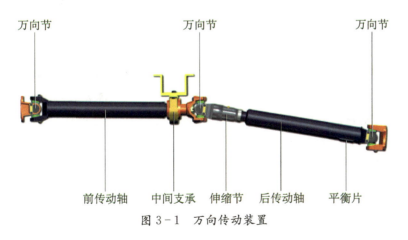

图 3-1　万向传动装置

万向传动装置概述

2. 传动轴的功用与结构

传动轴是万向传动装置中的主要传力部件，在前置后轮驱动的乘用车和大部分的载货车中，传动轴通常制成整体式，其结构如图 3-2 所示，用于连接变速器

图 3-2 传动轴(a)

(或分动器)和驱动桥。

在前置前轮驱动的汽车中,传动轴通常制成分段式,用在转向驱动桥和断开式驱动桥中,用于连接差速器和驱动轮,这种传动轴通常也被称为半轴,其结构如图 3-3 所示。

图 3-3 传动轴(b)

半轴是在差速器与驱动轮之间传递动力的实心轴,其内端花键与差速器的半轴齿轮相连接,而外端则用凸缘与驱动轮的轮毂相连接,半轴齿轮的轴颈支承在差速器壳两端轴颈的孔内,而差速器壳又以其两侧轴颈借助轴承直接支承在主减速器壳上。

3. 万向节的功用与结构

万向节是实现转轴之间变角度传递动力的基本部件,其按速度特性可分为不等速万向节(常用的是十字轴式)、准等速万向节(球面滚轮式)、等速万向节(球笼式)。十字轴式刚性万向节主要用于发动机前置后轮驱动的变速器与驱动桥之间,准等速万向节和等速万向节主要用于发动机前置前轮驱动的内、外半轴之间。

本任务主要以卡罗拉轿车上使用的两种不同类型的万向节:球面滚轮式万向节(安装在驱动桥侧)和球笼式万向节(安装在车轮侧)进行介绍。

(1) 球面滚轮式万向节

球面滚轮式万向节由防尘罩、三销架、内侧万向节总成等组成,如图 3-4 所示。

球面滚轮式万向节是一种较为广泛的准等速万向节。安装在与万向节轴制成一体的三根销轴上的球面滚轮,可沿与另一万向节轴相连的筒状体的三个轴向槽移动,起到伸缩花键的作用。

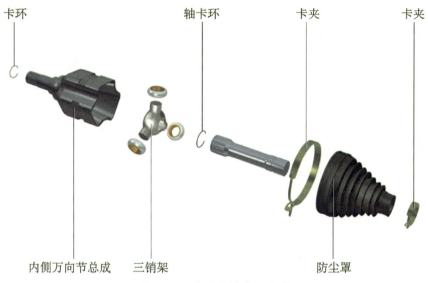

图 3-4 球面滚轮式万向节

(2) 球笼式万向节

球笼式万向节的星形套以内花键与主动轴相连,其外表有 6 条凹槽,形成内滚道。球形壳的内表面有相应的 6 条凹槽,形成外滚道。6 个传力钢球分别装在各条凹槽中,并由保持架使之保持在一个平面内。动力由主动轴经传力钢球、球形壳输出。球笼式万向节如图 3-5 所示。

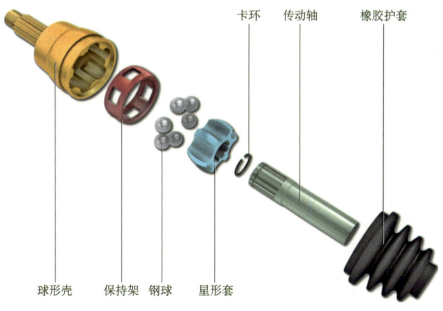

图 3-5 球笼式万向节

4. 防尘套

图 3-6 防尘套

防尘套(图 3-6)大量应用于汽车等速万向节,用于存储润滑脂并防止杂物如泥沙等进入万向节腔内,也称橡胶护套或防尘罩。由于万向节的工作环境恶劣,经常受到温度变化影响、空气腐蚀、雨水侵蚀及其高速旋转的作用,容易损坏变质,因此要求防尘套具有以下性能:抗老化、抗疲劳、耐介质、抗变形等。防尘套一旦损坏,灰尘、雨水、泥沙就有可能进入,这将严重影响万向节的传动性能。

5. 万向传动装置检修

(1) 传动轴

传动轴的主要损伤形式有弯曲、凹陷或裂纹等,其导致的常见故障现象是汽车在行驶中发出周期性的响声,且响声随着速度的增大而增大,甚至还可能伴随着车身的振动。

万向传动装置检修

传动轴检修主要包含以下内容:

① 检查传动轴轴管是否有裂纹及严重的凹陷,如有,应更换传动轴。

② 检查传动轴是否弯曲变形,如有,应更换传动轴。

检查传动轴时可用 V 形铁架起传动轴,使其水平,而后旋转,用百分表在轴的中间部位进行测量。其径向跳动公差应符合表 3-1 的规定,否则应更换或校正传动轴(轿车传动轴径向全跳动公差应比表 3-1 相应减小 0.2 mm)。

表 3-1 传动轴轴管的径向全跳动公差(mm)

轴长	≤600	600~1 000	>1 000
径向全跳动公差	0.60	0.80	1.00

③ 检查中间传动轴支承轴颈的径向圆跳动。

径向圆跳动的公差不应超过 0.10 mm,否则应镀铬修复或予以更换。

④ 检查传动轴花键与滑动叉花键、凸缘叉与所配合花键的间隙。

轿车应不大于 0.15 mm,其他类型的汽车应不大于 0.30 mm,装配后应能滑动自如。若超过限值,应更换传动轴或滑动叉。

(2) 万向节和防尘罩

万向节的主要损伤形式是磨损、锈蚀及松旷,其导致的常见故障是汽车起步或突然改变车速时传动轴发出"吭"的响声,在汽车缓行时,发出"咣当、咣当"的响声。

万向节(以球笼式万向节为例)、防尘罩的检修主要包含以下内容:

① 检查球笼是否锈蚀(图 3-7),沟槽是否有严重的磨损(图 3-8),如有则应更换万向节。

图3-7 球笼锈蚀

图3-8 沟槽磨损

② 检查钢球表面是否光滑、色泽明亮,如出现麻点、球面灰暗等情况,应更换万向节。

③ 检查防尘罩是否完好无损,如出现破损(图3-9),则应更换防尘罩。

(3) 中间支承

中间支承的常见损伤形式是橡胶老化和轴承磨损,其导致的常见故障现象是传动轴的振动和异响等。

图3-9 防尘罩破损

中间支承的检修主要包含以下内容:

① 检查中间支承轴承的旋转是否灵活,油封和橡胶衬垫是否损坏,如有异常应更换中间支承。

② 检查中间支承轴承的松旷程度,分解后可进一步检查轴承的轴向和径向间隙是否符合原厂规定,如出现松旷或间隙不符合规定等情况,应更换中间支承。

(一) 实施方案

1. 质量要求

参照厂家的质量标准要求。

2. 组织方式

每四位同学一组,对2007款卡罗拉1.6L自动GL型轿车的万向节传动装置进行检修,按照企业岗位操作规范进行作业。每组作业时间为50分钟。

3. 作业准备

(1) 技术要求与标准:

① 装复滑动叉时,必须对齐标记。

② 佩戴保护手套以防伤手。
③ 内外等速万向节组件不应有破损、异常磨损、划伤等情况。
④ 传动轴不能有变形、弯曲、齿缺或损伤等情况。
⑤ 橡胶防尘套不能有老化现象。

(2) 设备器材：常用工具一套、台虎钳（图3-10），工作台、2007款卡罗拉1.6L自动GL型轿车。

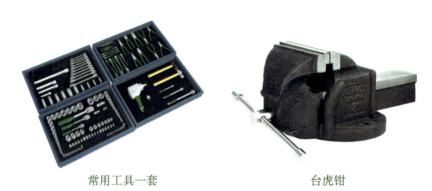

常用工具一套　　　　　　　　　台虎钳

图3-10　部分设备器材

(3) 场地设施：具有消防设施的场地。
(4) 耗材：干净抹布、泡沫清洗剂。

（二）操作步骤

1. 拆卸半轴总成

(1) 拆卸前轮。
(2) 拆卸发动机底罩。
(3) 排净自动传动桥油。
(4) 拆卸前桥轮毂螺母。
(5) 分离前稳定杆连杆总成。
(6) 分离前轮转速传感器。
(7) 分离前挠性软管。
(8) 分离前盘式制动器制动钳总成。
(9) 拆卸前制动盘。
(10) 分离横拉杆接头分总成。
(11) 分离前悬架下臂。
(12) 拆卸前桥总成。
(13) 使用半轴拉出器，拆下前桥左半轴。

拆卸传动轴

分解传动轴

◇ 小心不要损坏传动桥壳油封、内侧万向节防尘套及驱动轴防尘罩。
◇ 小心不要掉落驱动轴。

（14）用螺丝刀和锤子，拆下前桥右半轴。

（15）安装前桥。

2. 拆解万向节

（1）拆卸内侧万向节防尘套

① 用螺丝刀，松开防尘套卡夹的锁紧部件并分离防尘套卡夹。

② 将内侧万向节防尘套从内侧万向节密封垫上分离（图3-11）。

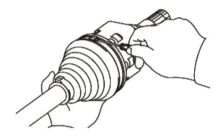

图3-11 拆卸内侧万向节防尘套

（2）拆卸内、外侧万向节

① 清除内侧万向节上的所有旧润滑脂。

② 在内侧万向节和外侧万向节轴上做好装配标记（图3-12）。

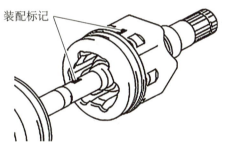

图3-12 拆卸内、外侧万向节（a）

球笼式万向节拆卸

③ 将内侧万向节从外侧万向节轴上拆下。

④ 在台钳上的两个铝板之间夹住外侧万向节轴（图3-13）。

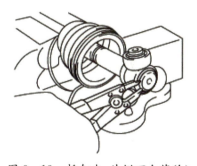

图3-13 拆卸内、外侧万向节（b）

◇ 不要过度夹紧台钳。

⑤ 在外侧万向节轴和三销架上设置装配标记。
⑥ 用铜棒和锤子从外侧万向节轴上敲出三销架(图 3-14)。

图 3-14 设置装配标记

(3) 拆卸前桥内侧万向节密封垫

将内侧万向节密封垫从内侧万向节上拆下(图 3-15)。

(4) 拆卸前桥内侧万向节防尘套

拆下内侧万向节防尘套、内侧万向节防尘套 2 号卡夹和内侧万向节防尘套卡夹。

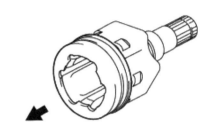

图 3-15 拆卸内侧万向节密封垫

(5) 拆卸前桥右半轴减振器(右侧)

① 用尖嘴钳拆下 2 个驱动轴减振器卡夹。
② 将前桥半轴减振器从外侧万向节轴上拆下(图 3-16)。

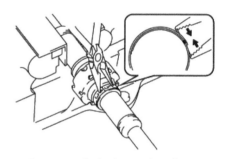

图 3-16 拆卸前桥右半轴减振器

(6) 拆卸前桥左半轴孔卡环

① 用螺丝刀松开防尘套卡夹的锁紧部件并拆下防尘套卡夹。
② 从外侧万向节轴上拆下外侧万向节防尘套。
③ 清除外侧万向节上的所有旧润滑脂。
④ 用螺丝刀拆下孔卡环(图 3-17)。

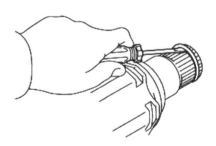

图 3-17 拆卸前桥左半轴孔卡环

(7) 拆卸前桥左半轴防尘罩

使用台虎钳和压力机,压出半轴防尘罩(图3-18)。

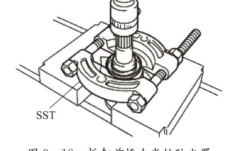

图3-18 拆卸前桥左半轴防尘罩

3. 检查万向传动装置

(1) 检查内等速万向节组件

① 检查轴承表面有无破损、异常磨损(图3-19)。

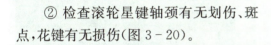

图3-19 检查轴承

② 检查滚轮星键轴颈有无划伤、斑点,花键有无损伤(图3-20)。

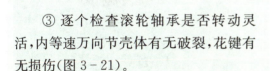

图3-20 检查滚轮星键轴颈

检查或更换传动轴万向节及橡胶防护套

③ 逐个检查滚轮轴承是否转动灵活,内等速万向节壳体有无破裂,花键有无损伤(图3-21)。

图3-21 检查滚轮轴承

(2) 检查外等速万向节组件

① 检查外等速万向节壳体有无破损,外花键、螺纹有无损伤(图3-22)。

图3-22 检查外等速万向节

② 检查外等速万向节轴承内花键有无损伤(图3-23)。

图3-23 检查外等速万向节轴承

③ 将传动轴装入外等速万向节并向各个方向缓慢转动,检查其是否转动灵活(图3-24)。

图3-24 检查外等速万向节转动情况

(3) 检查传动轴
① 检查传动轴有无缺齿或损伤(图3-25)。

图3-25 检查传动轴(a)

② 检查传动轴有无明显弯曲或变形,若发现异常磨损则需要更换传动轴(图3-26)。

图3-26 检查传动轴(b)

(4) 检查橡胶防尘套
检查橡胶防尘套有无老化破损,若发现异常情况则需要更换防尘套(图3-27)。

图3-27 检查橡胶防尘套

4. 组装万向节

（1）安装左前桥外侧万向节防尘套

① 使用台虎钳和压力机，压进一个新的半轴防尘套，并安装一个新的孔卡环（图3-28）。

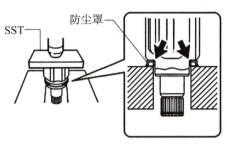

图3-28 安装左前桥外侧万向节防尘套

球笼式万向节安装

② 用保护性胶带缠绕外侧万向节轴的花键。

③ 将新的防尘套及防尘套卡夹安装到外侧万向节轴上（图3-29）。

④ 用防尘套维修组件中的润滑脂涂抹外侧万向节轴和防尘套。

标准润滑脂容量：135—145 g。

⑤ 将外侧万向节防尘套安装在外侧万向节轴槽上。

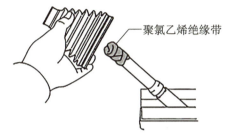

图3-29 缠绕外侧万向节轴花键

注意事项

◇ 槽里不能有润滑脂。

（2）安装前桥外侧万向节防尘套2号卡夹

① 将防尘套卡夹安装到外侧万向节防尘套上并暂时将杆折回（图3-30）。

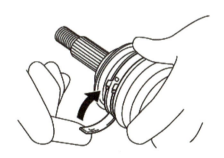

图3-30 安装万向节防尘套2号卡夹

注意事项

◇ 将杆正确地安装至导槽，将卡夹安装至车辆内侧尽可能远处。
◇ 将杆折回前，检查箍带和杆是否变形。

② 朝工作面按压外侧万向节,同时把身体重量倚靠到手上并向前转动外侧万向节。转动外侧万向节并折叠杆直至听到"咔嗒"一声(图 3-31)。

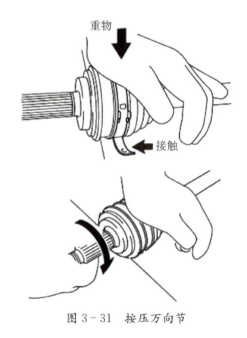

图 3-31 按压万向节

◇ 不要损坏导流板。
◇ 确保外侧万向节与工作面直接接触。

③ 调整杆和槽之间的间隙以使锁扣边缘和杆端之间的间隙均匀,同时用塑料锤敲击锁扣将其固定(图 3-32)。

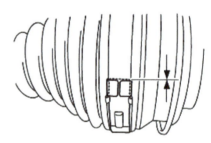

图 3-32 调整杆和槽之间的间隙

(3) 安装前桥外侧万向节防尘套卡夹
① 将防尘套卡夹安装到外侧万向节防尘套上并暂时将杆折回(图 3-33)。

图 3-33 安装前桥外侧万向节防尘套卡夹

② 用水泵钳子捏住防尘套卡夹，暂时将其固定。

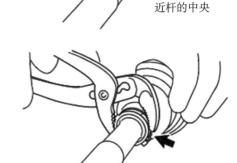

③ 调整杆和槽之间的间隙以使锁扣边缘和杆端之间的间隙均匀，同时用塑料锤敲击锁扣将其固定(图3-34)。

图 3-34 调整杆和槽之间的间隙

（4）安装前桥外侧万向节防尘套卡夹

① 将驱动轴减振器及其卡夹安装到外侧万向节轴上。

② 确保减振器在轴的凹槽上。

③ 按下述规定设置距离(图3-35)。

标准距离：458.0—462.0 mm。

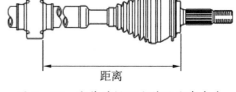

图 3-35 安装前桥万向节防尘套卡夹

（5）安装前桥内侧万向节密封垫

将一个新的内侧万向节密封垫安装到内侧万向节槽上。

将内侧万向节密封垫上的凸出部分牢固地安装至内侧万向节槽(图3-36)。

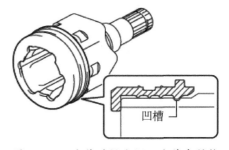

图 3-36 安装前桥内侧万向节密封垫

（6）安装前桥左半轴内侧万向节

① 使三销架轴向花键的斜面朝向外侧万向节。

② 在拆卸之前，对准做好的装配标记。

③ 用铜棒和锤子把三销式万向节敲进驱动轴(图3-37)。

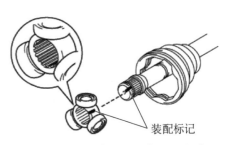

图 3-37 安装前桥左半轴万向节

◇ 不要敲击滚子。

◇ 确保以正确的方向安装三销架。

④ 用防尘套维修组件中的润滑脂涂抹内侧万向节轴和防尘套。

标准润滑脂容量：175—185 g。

⑤ 使用卡环扩张器，安装一个新的半轴卡环（图 3-38）。

⑥ 对准装配标记，将内侧万向节安装至外侧万向节轴。

(7) 安装前桥内侧万向节防尘套

① 将内侧万向节防尘套安装至内侧万向节密封垫和外侧万向节轴的槽中。

② 安装前桥内侧万向节防尘套卡夹。

(8) 检查前桥半轴

5. 安装半轴总成

(1) 安装前桥半轴总成

① 在内侧万向节轴花键上涂齿轮油。

② 对准轴花键，用铜棒和锤子敲进驱动轴。

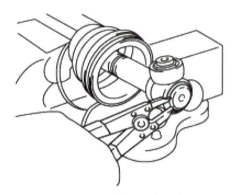

图 3-38 安装新的半轴卡环

◇ 使开口侧向下安装卡环。

◇ 小心不要损坏油封和防尘罩。

(2) 安装前桥总成

(3) 安装前悬架下臂

(4) 安装前稳定杆连杆总成

(5) 连接横拉杆接头分总成

(6) 安装前制动盘

(7) 安装前盘式制动器制动钳总成

(8) 安装前挠性软管

(9) 安装前轮转速传感器

(10) 安装前桥轮毂螺母

(11) 加注自动传动桥油（U340E）

(12) 检查自动传动桥油（U340E）

（13）安装前轮

（14）检查并调整前轮定位

（15）检查转速传感器信号

（16）安装发动机底罩

1. 传动轴的主要损伤形式

传动轴的主要损伤形式是出现弯曲、凹陷或裂纹等，其导致的常见故障现象是汽车在行驶中发出周期性的响声，且响声随着速度的增大而增大，甚至还可能伴随着车身的振动。

2. 万向节的主要损伤形式

万向节的主要损伤形式有磨损、锈蚀及松旷，其导致的常见故障是汽车起步或突然改变车速时传动轴发出"吭"的响声；在汽车缓行时，发出"咣当、咣当"的响声。

3. 中间支承的常见损伤形式

中间支承的常见损伤形式有橡胶老化和轴承磨损，其导致的常见故障现象是传动轴的振动和异响等。

4. 拆解万向节的主要步骤

（1）拆卸内侧万向节防尘套。

（2）拆卸内、外侧万向节。

（3）拆卸前桥内侧万向节密封垫。

（4）拆卸前桥内侧万向节防尘套。

（5）拆卸前桥右半轴减振器（右侧）。

（6）拆卸前桥左半轴孔卡环。

（7）拆卸前桥左半轴防尘罩。

5. 万向传动装置检修的主要内容

（1）检查内等速万向节组件。

（2）检查外等速万向节组件。

（3）检查传动轴。

（4）检查橡胶防护套。

（一）课堂练习

1. 判断题

（1）球面滚轮式万向节主要用于发动机前置前轮驱动的内、外半轴之间。（　　）

(2) 球笼式万向节属于准等速万向节。（　　）
(3) 球面滚轮式万向节属于准等速万向节。（　　）
(4) 轿车的传动轴径向全跳动公差应该比卡车的要大。（　　）
(5) 传动轴有实心和空心之分。（　　）
(6) 传动轴是万向传动装置中的主要传力部件。（　　）
(7) 万向传动装置的作用是在轴线相交且相对位置经常发生变化的两轴之间传递动力。（　　）
(8) 防尘套的作用就是为了防止灰尘进入传动装置。（　　）

2. 单选题

(1) 下列关于万向节的叙述，错误的是（　　）。
　　A. 万向节可以实现角度变化时的两传动轴之间的动力传递
　　B. 刚性万向节的动力靠零件的铰链式连接传递，并且具有缓冲作用
　　C. 现代汽车上大部分应用刚性万向节
　　D. 万向节可分为挠性万向节和刚性万向节

(2) （　　）是万向传动装置中的主要传力部件。
　　A. 传动轴　　　B. 悬架　　　C. 前桥　　　D. 离合器

(3) 为了减轻传动轴的质量，节省材料，提高轴的强度、刚度，传动轴多为（　　）。
　　A. 实心轴　　　B. 空心轴　　　C. 传动轴　　　D. 半轴

(4) 不属于万向传动装置的应用范围的是（　　）。
　　A. 用于发动机前置及后轮驱动的汽车　　　B. 用于四轮驱动的越野车
　　C. 用于转向驱动的半轴　　　D. 用于制动系统的操纵机构

（二）技能评价

表 3-2　技能评价表

序号	内　　容	分值	得分
1	拆卸半轴总成	20	
2	拆卸内侧万向节防尘套	5	
3	拆卸内、外侧万向节	5	
4	拆卸前桥内侧万向节密封垫	5	
5	拆卸前桥右半轴防尘套	5	
6	拆卸前桥右半轴孔卡环	5	
7	拆卸前桥左半轴防尘套	5	

续表

序号	内 容	分值	得分
8	拆卸前桥左半轴孔卡环	5	
9	目视检查万向传动装置	10	
10	组装万向节	15	
11	安装半轴总成	20	
	总分	100	

(注：操作规范即得分，操作错误或未进行操作即0分)

学习拓展

十字轴式刚性万向节的结构与润滑

图3-39 十字轴式刚性万向节的构造

两万向节叉套在十字轴的两对轴颈上。这样，当主动轴转动时，从动轴既可以随之转动，又可绕十字轴中心在任意方向摆动。为了减少摩擦损失，提高传动效率，在十字轴轴颈和万向节叉空间装有由滚针和套筒组成的滚针轴承。然后用螺钉和轴承盖将套筒固定在万向节叉上，并用锁片将螺钉锁紧，以防止轴承在离心力作用下从万向节叉内脱出。为了润滑轴承,十字轴做成中空的,并有油路通向轴颈。润滑油从注油嘴注入十字轴内腔。为避免润滑油流出及尘垢进入轴承,在十字轴的轴颈上套有装在金属座圈内的毛毡油封。在十字轴的中部还装有带弹簧的安全阀。如果十字轴内腔的润滑油压力大于允许值,安全阀就会被顶开,润滑油外溢,使油封不致因油压过高而损坏。

项目四　驱动桥检修

项目导入

驱动桥是汽车传动系统的最后一个总成,发动机的动力经过离合器、变速器、万向传动装置,传到了驱动桥。动力传到驱动桥后,首先传到主减速器,在这里将转矩放大并降低转速后,经差速器分配给左右半轴,最后通过半轴外端的凸缘传到驱动车轮的轮毂。

本项目主要通过对驱动桥重要组成部分的检测,了解驱动桥的常见故障及产生原因,掌握驱动桥检修的一般方法。

学习目标

素养目标：
1. 了解安全操作要求，养成安全文明操作的习惯。
2. 养成组员之间互相协作的习惯。
3. 实施操作结束后，清洁工具，并将工具设备归位，清洁场地。

技能目标：
1. 正确使用工具对驱动桥各主要组成部分进行检修。

知识目标：
1. 熟知驱动桥的结构与功用。
2. 熟知主减速器、差速器的结构与功用。
3. 正确叙述驱动桥的常见故障及检修方法。

学习任务

学习任务 1
◇ 驱动桥检修

项目四 驱动桥检修

学习任务 1　驱动桥检修

任务目标

任务目标：
1. 熟知驱动桥的结构与功用。
2. 熟知主减速器、差速器的结构与功用。
3. 正确叙述驱动桥的常见故障及检修方法。
4. 正确使用工具对驱动桥各主要组成部分进行检修。

学习重点：
1. 驱动桥的常见故障检修方法。
2. 驱动桥、主减速器、差速器的结构与功用。

知识准备

1. 驱动桥结构与功用

驱动桥一般由主减速器、差速器等组成，驱动桥的主要零部件都装在驱动桥的桥壳中，小型汽车驱动桥的结构如图 4-1 所示。

图 4-1　小型汽车驱动桥

驱动桥将万向传动装置输入的动力经降速增矩、改变动力传动方向后,通过左右半轴分配到左右驱动轮,使汽车行驶,并允许左右驱动轮以不同的转速旋转。

2. 主减速器的功用与结构

主减速器的功用是将输入的转矩增大并相应降低转速,以及当发动机纵置时还具有改变转矩旋转方向的作用。主减速器按参加减速传动的齿轮副数目分,有单级式主减速器和双级式主减速器两种。目前常用的主减速器为单级式主减速器,本任务即以此种主减速器作介绍。

单级主减速器主要由主减速器主动齿轮、从动齿轮、轴承、油封等组成,如图4-2所示。

主减速器、差速器概述

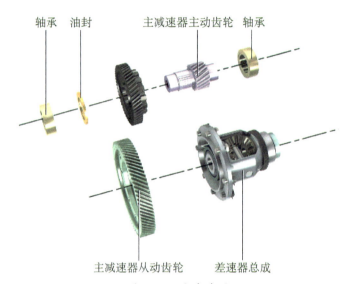

图4-2 主减速器

图4-3 差速器结构

3. 差速器的功用与结构

差速器的功用是当汽车转弯行驶或在不平路面上行驶时,使左右驱动车轮以不同的角速度滚动,以保证两侧驱动轮与地面间作纯滚动运动。差速器主要由差速器壳、行星齿轮及半轴齿轮组成,如图4-3所示。

4. 驱动桥的检修

驱动桥的常见故障有异响、漏油、发热等,主要是由齿轮的腐蚀磨损、啮合间隙不当、轴承损伤变形等原因造成的。驱动桥的常见故障检修如下所述:

驱动桥的检修方法

(1) 驱动桥异响检修

如果汽车在行驶中发出"嗷、嗷"的响声,则可能是某齿轮齿隙过小,应用测量工具检测齿隙大小查询故障点;如果汽车在行驶中发出"刚当、刚当"的撞击响声,一般是齿轮啮合间隙过大,也需通过测量齿隙大小确认故障点。

汽车在行驶中,如车速越高响声越大,而滑行时响声减小或消失,一般是由于主减速器轴承损伤(图4-4)或齿轮啮合不良造成,应视情况进行调整或更换;如果滑行时声响不减弱,说明主减速器的主动锥齿轮轴承、差速器轴承松旷,或主、从动锥齿轮的轮齿损坏(图4-5),抑或啮合间隙过小,应视情况进行调整或更换。

图4-4 轴承损伤

图4-5 齿轮损坏

在踏下加速踏板时汽车行驶正常,在放松加速踏板的过程中发出"呜"的响声,而匀速行驶时此响声消失,一般是由于主动锥齿轮突缘紧固螺母松旷造成的,应视情况进行紧固或更换。

汽车行驶中驱动桥处有剧烈响声,则多是由主减速器齿面磨损或腐蚀(图4-6、4-7)造成的,应视情况进行更换。

图4-6 齿面磨损

图4-7 齿面腐蚀

汽车转弯时发出"咔叭、咔叭"的响声,低速直线行驶时也能听到一点,而车速升高后响声即消失,一般是差速器行星齿轮啮合间隙过大或行星齿轮轮齿、半轴齿轮轮齿及键槽磨损所致,应视情况进行更换。

(2) 驱动桥漏油检修

驱动桥漏油现象主要出现在驱动桥输入法兰、轮边支撑轴、驱动桥壳体、衬垫,以及油口

螺塞处。漏油的原因通常比较简单,一般是:

① 加油口、放油口处的螺塞松动或损坏,螺塞密封垫损坏或缺失。

② 油封老化磨损,或油封轴颈磨成沟槽,如图4-8所示。

图4-8 油封磨损

③ 接合平面变形,密封衬垫太薄、硬化或损坏,紧固螺钉松动或损坏,均会造成漏油。

④ 通气孔堵塞,造成桥内压力升高,油会从接合面处、油封处渗出。

⑤ 润滑油油量超过规定界面时,油会自动溢出。

⑥ 桥壳有铸造缺陷或裂纹。

所以,驱动桥漏油的检修重点是检查壳体是否有裂纹或铸造缺陷,若有应更换壳体;检查通气塞是否畅通,若堵塞,应清洗、疏通;查看润滑油油量和润滑油质量,酌情调整或更换;检查漏油处油封、衬垫、结合平面是否磨损;检查螺栓、螺母是否松动,并进行更换或拧紧。

(3)驱动桥过热检修

驱动桥整体过热主要是由驱动桥润滑油不足或使用劣质齿轮油,主、从动齿轮啮合间隙过小等引起;而驱动桥局部过热主要是由轴承装配过紧、油封过紧等引起。所以,驱动桥过热检修的重点是根据受热情况进行判断:

如果油封部位过热,则可能是油封过紧引起;如果轴承处过热,则故障由轴承损坏或调整不当引起;如果油封和轴承处均不过热,则故障由止推垫片或止退螺栓装配过紧引起。

如果驱动桥普遍过热,则应先检查润滑油的油量和品质,并做相应调整;如果润滑油没有问题,则检查主减速器和轮边减速器的齿轮啮合间隙的大小、行星齿轮与半轴齿轮啮合间隙大小,并做相应调整。

 任务实施

(一)实施方案

1. 质量要求

参照厂家的质量标准要求。

2. 组织方式

每四位同学一组,对 2007 款卡罗拉 1.6L 自动 GL 型轿车前驱动桥进行检修,按照企业岗位操作规范进行作业。每组作业时间为 30 分钟。

3. 作业准备

(1) 技术要求与标准

① 主减速器主、从动齿轮更换时必须成对更换。

② 技术标准:

表 4-1 技术标准

检 测 内 容	规 定 状 态	
主减速器从动齿轮齿隙	标准齿隙	0.13—0.18 mm
半轴齿轮齿隙	标准齿隙	0.05—0.20 mm
差速器行星齿轮止推垫圈厚度	最小厚度	0.94 mm
行星齿轮轴外径	最小外径	16.982 mm

(2) 设备器材:常用工具一套、百分表、螺旋测微器(也称千分尺)(图 4-9),2007 款卡罗拉 1.6L 自动 GL 型轿车前驱动桥。

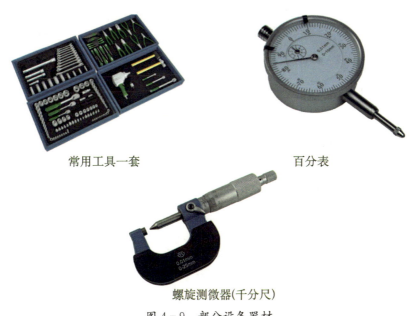

常用工具一套　　　　　　百分表

螺旋测微器(千分尺)

图 4-9　部分设备器材

(3) 场地设施:具有消防设施的场地。

(4) 耗材:干净抹布、泡沫清洗剂。

（二）操作步骤

1. 检查主减速器主、从动齿轮外观

检查主减速器主、从动齿轮是否有刮伤、裂纹。如果有必须更换主减速器主、从动齿轮。

2. 检查主减速器从动齿轮齿隙

选用百分表触头垂直抵住从动锥齿轮轮齿大端凸面，对圆周均匀分布的不少于3个齿进行测量啮合间隙（图4-10）。

标准齿隙：0.13—0.18 mm。

如齿隙超过规定应调整差速器侧向轴承预紧力。

图4-10 检查主减速器从动齿轮齿隙

3. 检查前差速器半轴齿轮齿隙

将前差速器行星齿轮装配至前差速器壳侧。用百分表测量前差速器半轴齿轮齿隙（图4-11）。

标准齿隙：0.05—0.20 mm。

如果齿隙超出规定范围，更换半轴齿轮止推垫圈。

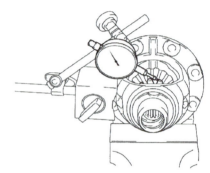

图4-11 检查前差速器半轴齿轮齿隙

4. 检查前差速器行星齿轮止推垫圈

用千分尺测量前差速器行星齿轮止推垫圈的厚度（图4-12）。

最小厚度：0.94 mm。

如果厚度小于最小值，更换前差速器行星齿轮止推垫圈。

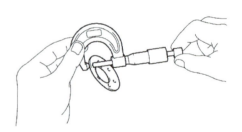

图4-12 检查前差速器行星齿轮止推垫圈

5. 检查前差速器1号行星齿轮轴

用千分尺测量前差速器1号行星齿轮轴的外径（图4-13）。

最小外径：16.982 mm。

如果外径小于最小值，更换前差速器1号行星齿轮轴。

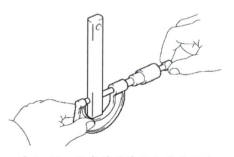

图4-13 检查前差速器1号行星齿轮轴

6. 检查差速器壳

（1）差速器壳不得有裂纹，否则应更换。

（2）差速器壳与行星齿轮、半轴齿轮垫片的接触面应光滑，无沟槽。如有小的沟槽可用砂纸打磨，并更换半轴齿轮垫片。

（3）行星齿轮、半轴齿轮不得有裂纹，工作表面不得有明显斑点、脱落和缺损，否则应更换。

（4）差速器壳体与轴承、差速器壳与行星齿轮轴的配合应符合原厂规定，否则应更换。

7. 检查滚动轴承

（1）轴承的钢珠或滚道不得有伤痕、剥落、严重黑斑或烧损变色等缺陷，否则应更换。

（2）轴承架不应有缺口、裂纹、铆钉松动或钢珠、柱脱出等现象，否则应更换。

任务小结

1. 驱动桥的组成及作用

驱动桥是由主减速器、差速器、半轴、半轴套管等零部件组成，其作用是：减速增扭，改变动力方向，实现车轮差速。

2. 主减速器的作用

主减速器的功用是将输入的转矩增大并相应降低转速，以及当发动机纵置时还具有改变转矩旋转方向的作用。

3. 差速器的作用

差速器的作用是当汽车转弯行驶或在不平路面上行驶时，使左右驱动车轮以不同的角速度滚动，以保证两侧驱动轮与地面间作纯滚动运动。

4. 2007 款卡罗拉 1.6L 自动 GL 型轿车的驱动桥检修的主要内容

（1）主减速器主、从动齿轮外观。

（2）检查主减速器从动齿轮齿隙：标准齿隙为 0.13—0.18 mm。

（3）检查前差速器半轴齿轮齿隙：标准齿隙为 0.05—0.20 mm。

（4）检查前差速器行星齿轮止推垫圈：最小厚度为 0.94 mm。

（5）检查前差速器 1 号行星齿轮轮轴：最小外径为 16.982 mm。

（6）检查差速器壳。

（7）检查滚动轴承。

（一）课堂练习

1. 判断题

（1）驱动桥主要由主减速器、差速器、转向机、半轴、半轴套管等零部件组成。（　　）

（2）驱动桥功用是减速增扭、改变动力方向、实现车轮差速。（　　）

（3）主减速器功用是降低转速、增大扭矩、实现差速。（　　）

（4）驱动桥通过主减速器实现降速增扭的，通过差速器实现两侧驱动轮的差速运动。（　　）

（5）差速器功用是将主减速器传来的动力传给左、右半轴，在车辆转弯时，允许左、右半轴以相同速度旋转。（　　）

（6）差速器结构是由差速器壳、半轴齿轮、行星齿轮轴、行星齿轮等组成。（　　）

2. 单选题

（1）2007款卡罗拉1.6L自动GL型轿车驱动桥的前差速器行星齿轮止推垫圈的最小厚度为（　　）。

　　A. 0.97 mm　　　　　　　　B. 0.94 mm
　　C. 0.84 mm　　　　　　　　D. 0.74 mm

（2）对于2007款卡罗拉1.6L自动GL型轿车驱动桥的检修，用什么工具测量前差速器1号行星齿轮轴的外径？（　　）

　　A. 检测仪　　　　　　　　　B. 百分表
　　C. 螺旋测微器　　　　　　　D. 万用表

（3）对于2007款卡罗拉1.6L自动GL型轿车驱动桥的检修，用什么工具测量前差速器半轴齿轮齿隙？（　　）

　　A. 检测仪　　　　　　　　　B. 百分表
　　C. 螺旋测微器　　　　　　　D. 万用表

（4）2007款卡罗拉1.6L自动GL型轿车驱动桥的前差速器1号行星齿轮轴的外径最小为（　　）。

　　A. 16 mm　　　　　　　　　B. 16.682 mm
　　C. 16.982 mm　　　　　　　D. 17.982 mm

（5）2007款卡罗拉1.6L自动GL型轿车驱动桥前差速器半轴的标准齿隙为（　　）。

　　A. 0.02—0.20 mm
　　B. 0.05—0.20 mm
　　C. 0.05—0.10 mm
　　D. 0.05—0.50 mm

（二）技能评价

表4-2 技能评价表

序号	内　　容	分值	得分
1	检查主减速器主、从动齿轮外观	10	
2	检查主减速器从动齿轮齿隙	20	
3	检查前差速器半轴齿轮齿隙	20	
4	检查前差速器行星齿轮止推垫圈	15	
5	检查前差速器1号行星齿轮轮轴	15	
6	检查差速器壳	10	
7	检查滚动轴承	10	
	总分	100	

（注：操作正确即得分，操作错误或未进行操作即0分）

学习拓展

1. 驱动桥壳的功用

驱动桥壳既是传动系的组成部分,也是行驶系的组成部分。作为传动系的组成部分,其功用是安装并保护主减速器、差速器和半轴。作为行驶系的组成部分,其功用是安装悬架或轮毂,和从动桥一起支承汽车悬架以上各部分重量,承受驱动轮传来的反力和力矩,并在驱动轮与悬架之间传力。图 4-14 为载重汽车驱动桥壳的功用示意图。

(a) 保护主减速器、差速器和半轴

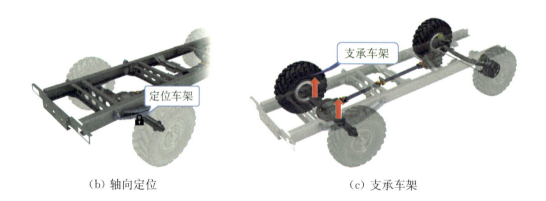

(b) 轴向定位   (c) 支承车架

图 4-14 驱动桥壳的功用

2. 驱动桥壳的类型

按悬架结构的不同,驱动桥可分为整体式驱动桥和分段式驱动桥两种,桥壳也分为整体式桥壳和分段式桥壳两种。

(1) 整体式桥壳

整体式驱动桥采用非独立悬架,其驱动桥壳为一刚性的整体,两端通过悬架与车架连接。左右半轴始终在一条直线上,行驶时左右驱动轮不能相互独立地跳动,整个车桥和车身随着路面的凹凸变化而发生倾斜。

整体式桥壳一般是铸造，具有较大的强度和刚度，便于主减速器的拆装和调整。整体式桥壳的结构如图 4-15 所示，这种结构多用于汽车的后桥上，适用于中型以上货车。

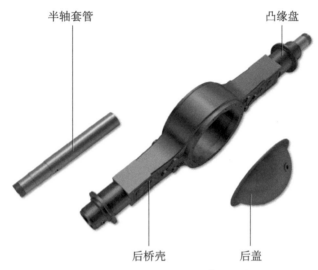

图 4-15 整体式驱动桥壳的结构

（2）分段式桥壳

分段式驱动桥采用独立悬架，其主减速器固定在车架上，驱动桥壳制成分段并用铰链连接。半轴也分段并用万向节连接。驱动桥两段分别用悬架与车架连接。这样，两侧的驱动轮及桥壳可以彼此独立地相对于车架或车身上下跳动。

分段式桥壳一般由两段组成，由螺栓将其连成一体，分段式桥壳的结构如图 4-16 所示。

图 4-16 分段式驱动桥壳的结构